Méthode de français pour adolesce

1

Pourquoi pas !

Livre de l'élève

M. Bosquet
Y. Rennes
M. Martínez

Editions Maison des Langues, Paris

Pourquoi pas !
Livre de l'élève - Niveau 1

Auteurs
Michèle Bosquet, Matilde Martinez Sallès, Yolanda Rennes

Conseils pédagogiques
Agustín Garmendia, Neus Sans

Coordination éditoriale
Philippe Liria

Conception graphique, mise en page et couverture
Enric Font

Illustrations
Ricard Aranda, Homs, Christoph Kirsch, Pablo Moreno, Man (Z.O.M & R.O.M), Victor Rivas

Correction
Jean Petrissans

Remerciements
Nous tenons à remercier toutes les personnes qui ont contribué par leurs conseils et leur révision à la réalisation de ce manuel, notamment Marie-Laure Lions-Oliviéri et Leyla Salim. Nous remercions également pour leur collaboration Claude Levray et Sophie Perrot.

Enregistrements
Coordination : Mireille Bloyet
Voix : Margot Amram, Mireille Bloyet, Barbara Ceruti, Katia Coppola, Anaïs Duval, Clément Duval, Axel Galpy, Emmanuel Godard, Lucile Lacan, Philippe Liria, Lucas Martinez, Martine Meunier, Christian Renaud, Jean-Paul Sigé, Maelliz Valette, Samantha Vizcaíno
Studio : CYO Studios

Crédits (photographies, images et textes)
Couverture Frank Iren, Renée Gay/Fotolia, Enric Font, Frank Kalero, Jacek Chabraszweski/Fotolia ; p.3-4 Digiatlas ; **Unité 0** p.13 Alysta/Fotolia, Enric Font, Neus Sans ; p.14 Enric Font/Daniel Fouss/Centre Belge de la BD, Frank Iren, Éditions Gallimard, Antoine de Saint-Exupéry, *Le Petit Prince*, Collection Folio, Le Gruyère Switzerland, NASA, Pierre Benker, Frank Iren ; p. 15 Geoarts/Fotolia, Serge Houtain, Tt/Dreamstime, Getty Images, Sarah Buxton, Getty Images ; p.16 García Ortega, Madmick, Jean Charles Demagny/Fotolia, Thierry Planche/Fotolia, Jean-Michel Leclercq/Fotolia, PASQ/Fotolia, Pol Wagner, Andreas Sloth, Nathalie Pecqueur/Fotolia; p.19 Frank Kalero ; p.20 Frank Kalero, García Ortega, Marcopolo ; **Unité 1** p.23 García Ortega ; p. 24 Francedias.com, Ph. Liria ; p.28 Erickn/Dreamstime, Peschlie/Dreamstime, Aiok/Dreamstime, Foto.fritz/Fotolia ; p.29 Imagepointphoto/Dreamstime, Christine Nichols/Dreamstime, Kati Neudert/Dreamstime, Marc Javierre Kohan, Susan Stevenson/Dreamstime ; p.30 Marc Javierre Kohan, p.31 Frank Kalero ; p.32 Office du Tourisme du Québec, Pierre Benker, Sophie Berclaz/Fotolia, García Ortega ; p.33 A. H. P. Lugo. Fondo Vega. A Cidade e as xentes. 37, 189 (1960-1969) (1940-1949) ; p.34 Enric Font, Marc Javierre Kohan ; **Unité 2** p.35 Marcopolo ; p.37 Tim Hope/Dreamstime, Pol Wagner, RM Group ; p.38 Région Rhône-Alpes, David Duncan, Cambridge, Ante Vekic, Robert Horvath, Pascal Guyot/AFP, Miguel Ugalde, Matt Williams, Graça Victoria/Fotolia, Éditions Gallimard, Daniel Pennac, La fée carabine, Collection Folio, Pam Roth ; p.39 Galina Barskaya/Fotolia ; p.41 Frank Kalero ; p.43 Marcopolo ; p.44 Région Rhône-Alpes ; **Unité 3** p.45 Renée Gay/Fotolia ; p.46 Jyn Meyer, Aurimas Gudas, Frank Kalero ; p.49 García Ortega ; p.50 Illych/Dreamstime ; p.52 Getty Images, Parc Asterix ; p.54 Lisa F. Young/Dreamstime, Galina Barskaya/Fotolia, Jacek Chabraszewski/Dreamstime ; **Bilan 1, 2, 3** p.55 Frank Kalero ; p.56 Marc Javierre Kohan, V. Rivas, Pol Wagner ; p.58 Marcopolo ; **Unité 4** p.59 Office du Tourisme et des Congrès de Nice ; p.60 Jean-Jacques Cordier/Fotolia, Robert Lerich/Fotolia, pipo, Stéphane Hette/Fotolia, Ana Schaeffer, Fête de la Musique, Hannamaria/Fotolia ; p.65 Justyna Furmanczyk ; p.66 Marc Javierre Kohan ; p.68 Suresh Gopalsamy, Davide Guglielmo ; p.69 García Ortega ; p.70 Monique-SXC, García Ortega ; **Unité 5** p.71 Guillaume Duris/Fotolia ; p.72 Marcopolo, Barbara Ceruti ; p.74 Fallenangel/Dreamstime, García Ortega ; p.76 García Ortega, p.77 Drx/Dreamstime , Ewen/Dreamstime ; p.78 Enric Font, Daniel Guffani/Fotolia ; p.80 Imag In Pyrénées/Fotolia, Michele Bosquet, Chris Gaillard/Fotolia, Mairie ; p.81 Kilam/Fotolia ; p.82 Pol Wagner ; **Unité 6** p.83 Marcopolo ; p.84 Enric Font, V. Rumi/Fotolia, Rui Vale de Sousa/Dreamstime, Eric Isselée/Fotolia ; p.85 Philippe Theret/Fotolia, ManicBlu/Fotolia, Philippe Gaffy/Fotolia, Corsicarobase/Fotolia ; p.86 Jean Claude Drillon/Fotolia, Xavier Marchant/Fotolia, Mickael Irles/Fotolia ; p.87 Florian Fradin/Fotolia, Stéphane Charrier/Fotolia ; p.90 Corbis, Marc Javierre Kohan, Getty Images, Philippe Minisini/Fotolia, Carina Fuller/Fotolia, Rose Duong/Fotolia, Corsicarobase/Fotolia ; p.91 N1kcy/Dreamstime, hsandler/Fotolia, Georges Lievre/Fotolia, Frank Kalero ; p.92 Super stock/Agefotostock, Paul Gaugin : *Tahitiennes sur la plage*, 1891 / Musée d'Orsay, Paris ; René Magritte, VEGAP, Barcelona 2007/Photothèque R. Magritte – ADAGP, Paris 2007 ; EDF médiathèque/G. Halary, Jean Lenavetier/Fotolia ; p.94 Marcopolo ; **Bilan 4, 5, 6** p.95 Frank Kalero ; p.96 alrico/Fotolia, Digishooter/Fotolia, Georges Lievre/Fotolia, Freddy Smeets/Fotolia, Frank Kalero.

Tous les textes et documents de cet ouvrage ont fait l'objet d'une autorisation préalable de reproduction. Malgré nos efforts, il nous a été impossible de trouver les ayants droit de certaines œuvres. Leurs droits sont réservés à Difusión, S. L. Nous vous remercions de bien vouloir nous signaler toute erreur ou omission ; nous y remédierions dans la prochaine édition.
Les sites Internet référencés peuvent avoir fait l'objet de changement. Notre maison d'édition décline toute responsabilité concernant d'éventuels changements. En aucun cas, nous ne pourrons être tenus pour responsables des contenus de liens vers des tiers à partir des sites indiqués.

Cet ouvrage est basé sur l'approche didactique et méthodologique mise en place par les auteurs de *Gente joven*.

© Les auteurs et Difusión, Centre de Recherche et de Publications de Langues, S.L., 2008

Réimpression : décembre 2013

ISBN édition internationale 978-84-8443-500-6
ISBN édition espagnole 978-84-236-6648-5
Dépôt légal B-863-2012

Imprimé dans l'UE

Toute forme de reproduction, distribution, communication publique et transformation de cet ouvrage est interdite sans l'autorisation des titulaires des droits de propriété intellectuelle. Le non-respect de ces droits peut constituer un délit contre la propriété intellectuelle (art. 270 et suivants du Code pénal espagnol).

Éditions maison des langues

www.emdl.fr

LA FRANCE MÉTROPOLITAINE

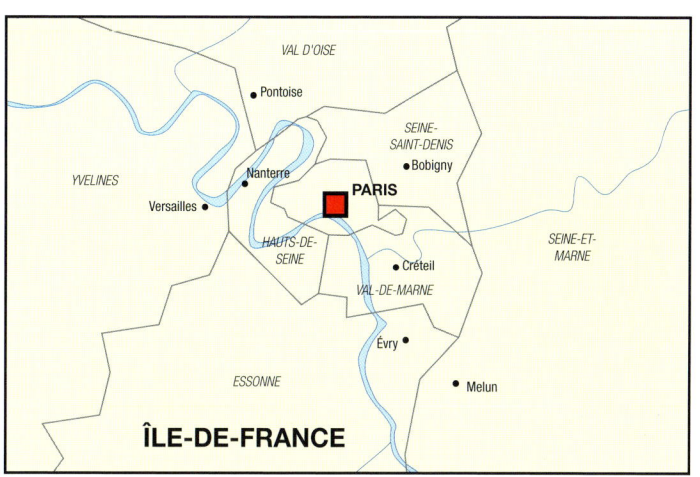

Limite d'État
Limite de région
Limite de département
■ Capitale
● Chef-lieu de région
• Chef-lieu de département

Échelle : 0 — 50 — 100 km

ÎLE-DE-FRANCE

trois **3**

L'EUROPE POLITIQUE

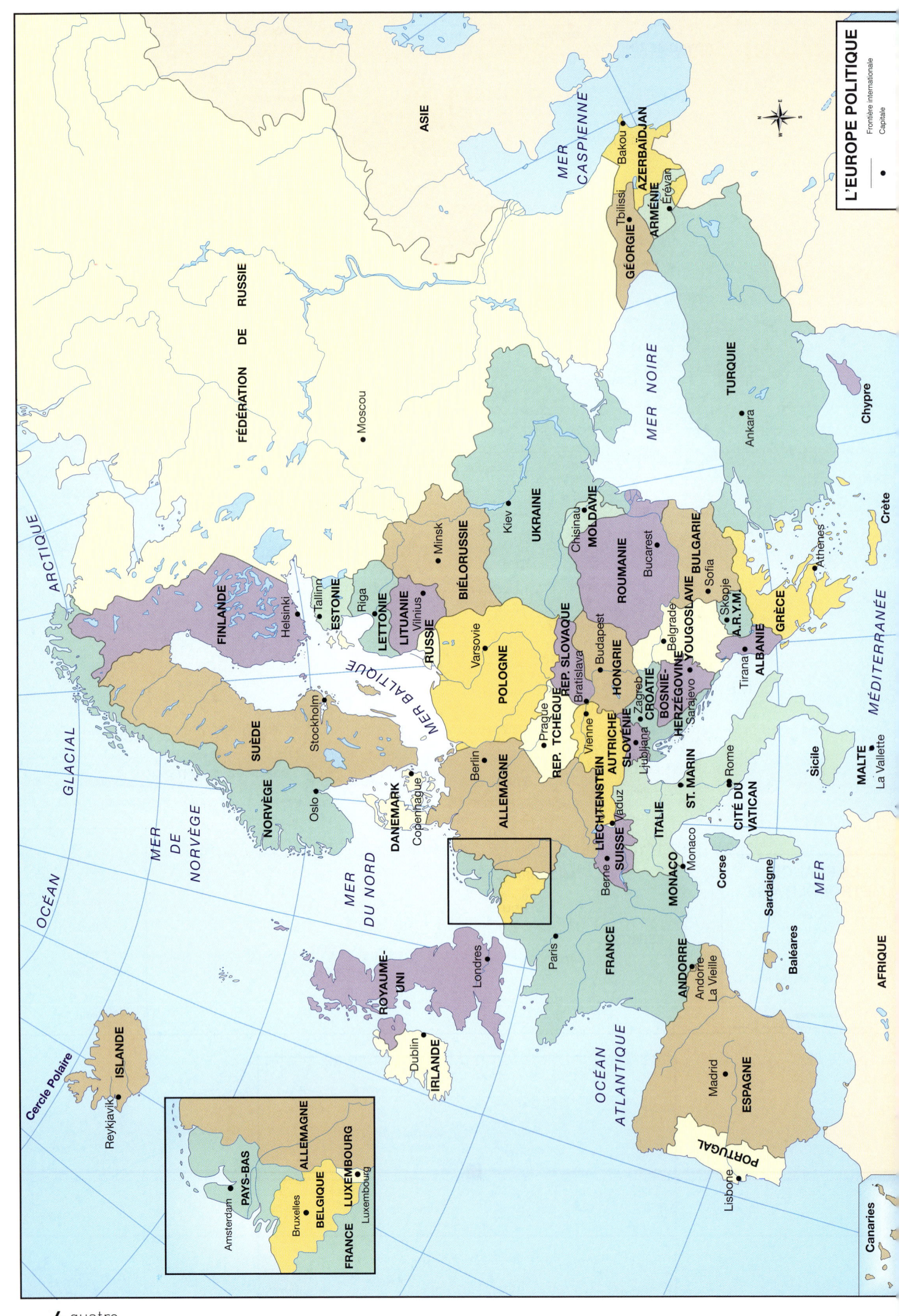

Lettre au professeur

Cher / Chère Collègue,

Depuis quelques années, le monde des langues vivantes connaît des changements. La mise en place généralisée du Cadre européen commun de référence pour les langues (CECR) dans les classes et sa prise en compte dans les programmes officiels de la plupart des pays européens, et même au-delà, nous obligent, en tant qu'enseignant, à revisiter notre façon de vivre et de faire vivre l'apprentissage du français dans la classe.

Les changements qu'entraîne le CECR dans nos cours ne sont pas simplement formels. Ce sont nos pratiques de classe au quotidien qui se voient ainsi bouleversées, afin d'assurer un apprentissage centré sur l'élève en tant qu'acteur social devant réaliser des tâches qui ne sont pas uniquement langagières. Cette nouvelle dimension, c'est ce que le CECR et les récents travaux en didactique du FLE appellent la « perspective actionnelle ».

C'est cette perspective, que nous préférons appeler approche et qui s'inscrit clairement dans le prolongement de l'approche communicative, que nous avons mise en place dans **Pourquoi pas !** et que vous allez retrouver à travers les unités qui composent cette nouvelle méthode de français pour collégiens, spécialement conçue selon les recommandations du CECR.

Découvrez dans ces premières pages, le contenu de **Pourquoi pas !** et des conseils d'utilisation avant de vous lancer dans cette nouvelle aventure.

La motivation étant au centre de tout apprentissage, nous vous souhaitons à vous et à vos élèves plein de plaisir dans ce voyage en français.

Les auteurs

TABLEAU DE CONTENUS

Carte de France 3
Carte d'Europe 4
Lettre au professeur 5
Sommaire 6
Comment ça marche ? 8
Poster 11
Lettre à l'élève 12

UNITÉS 0 à 6
et BILANS 13

Précis de grammaire 99
Transcription
des enregistrements 120

UNITÉ		Tâche finale NOTRE PORTFOLIO	Typologie textuelle
0	C'est parti !	À la découverte du livre et du français<ul><li>Les images du français</li><li>Sons et mots en français</li><li>Les chiffres de 0 à 10</li><li>Le dictionnaire</li><li>Comprendre une situation simple à l'oral et l'écrit</li><li>Stratégies de compréhension</li><li>À la découverte du livre</li></ul>	
1	Bonjour, moi c'est Antoine	■ Se présenter avec un collage et une chanson	■ Listes et fiches ■ Chat, textos ■ Conversation (premiers contacts) ■ Carte géographique ■ BD
2	Mon collège	■ Créer une brochure de notre collège idéal	■ Fiches (courts articles) ■ Interview ■ Tableau (emploi du temps) ■ Blague ■ Poème ■ BD
3	Moi, je suis comme ça	■ Élaborer un texte de présentation pour chercher de nouveaux amis et réaliser une interview	■ Interviews (micro-trottoir, émission de radio) ■ Annonce-micro ■ Fiches de présentation ■ Texte publicitaire ■ Tableau à compléter ■ Virelangue ■ BD
BILAN 1, 2 et 3		■ Maintenant tu sais... ■ En route vers le DELF ! ■ Test	
4	C'est la fête !	■ Préparer une fête pour la classe et l'annoncer sur une affiche	■ Calendrier ■ Conversations (les courses, au restaurant) ■ Des informations statistiques ■ Listes, menus ■ Recette ■ Carte de vœux ■ BD
5	On s'amuse !	■ Réaliser une enquête sur nos habitudes	■ Blog ■ Courrier des lecteurs ■ Test ■ Interview ■ Grille des émissions de télévision ■ Annonces publicitaires ■ Textos (SMS) ■ Conversation informelle ■ Expressions idiomatiques ■ Articles de presse ■ BD
6	Vive les vacances !	■ Organiser un concours de géographie pour la classe	■ Carnet de voyage ■ Récit ■ Informations touristiques ■ Carte postale ■ Conversation informelle ■ Interviews ■ Page sur un site Internet ■ Peinture ■ Blague ■ BD ■ Article de presse
BILAN 4, 5 et 6		■ Maintenant tu sais... ■ En route vers le DELF ! ■ Test	

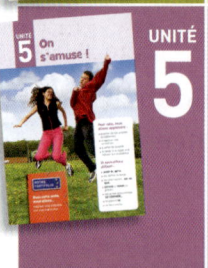

Communication	Compétences grammaticales	Compétences lexicales	Compétences interculturelles	Des sons et des lettres	
▪ Se présenter ▪ Demander et dire l'âge ▪ Parler de ses frères et sœurs ▪ Demander et donner un numéro de téléphone ou un courrier électronique	▪ **être** et **avoir** au présent ▪ Les verbes en **–ER** ▪ La négation ▪ Les articles définis : **le, la, l', les** ▪ Les pronoms sujets : **je, tu, il...** ▪ Les pronoms toniques : **moi, toi** ▪ Le masculin et le féminin des adjectifs de nationalité	▪ L'alphabet ▪ Les chiffres de **11 à 100** ▪ Les nationalités ▪ Les pays européens	▪ Passeport européen des langues ▪ Géographie de l'Europe et introduction à la géographie du monde francophone ▪ Les prénoms francophones suivant différents pays et les différentes époques	▪ Les « mariages » de voyelles	23
▪ Demander et donner des informations sur le collège ▪ Expliquer l'emploi du temps ▪ Exprimer les goûts	▪ **Aimer / ne pas aimer** ▪ **Il y a / il n'y a pas de** ▪ **Aussi / non plus** ▪ Les articles indéfinis : **un, une, des** ▪ Les possessifs : **mon, ton, notre...**	▪ Les matières scolaires ▪ Les moments de la journées ▪ Les jours de la semaine ▪ L'heure et la fréquence	▪ La Franche-Comté, une région à l'heure ! ▪ *Les leçons*, de Maurice Carême ▪ Les notes dans les autres pays	▪ La liaison	35
▪ Décrire le physique et la personnalité ▪ Parler des activités habituelles et exprimer les goûts	▪ Les adjectifs (masculin/féminin/singulier/pluriel) ▪ Les adverbes d'intensité : **un peu, assez, très, trop...** ▪ **APPRENDRE, PARTIR, ALLER** : le présent ▪ Qu'est-ce que... ? Est-ce que... ? ▪ Pourquoi ? Parce que...	▪ Les vêtements ▪ Les couleurs ▪ J'adore, je déteste	▪ Personnages célèbres ▪ Le parc Astérix ▪ Virelangue ▪ Le courriel	▪ Les sons [v] et [f]	45
					55
▪ Parler de la date et des festivités ▪ Demander et comprendre des prix ▪ Exprimer des quantités	▪ **POUVOIR, VOULOIR et PRENDRE** : le présent ▪ **Au, à la, à l', aux** ▪ La préposition **pour** ▪ L'emploi du pronom **en**	▪ Les chiffres de **100 à 1999** ▪ Les mois de l'année ▪ Les noms de magasins et de produits ▪ Les membres de la famille	▪ Les fêtes traditionnelles ▪ Le restaurant ▪ La recette d'un gâteau d'anniversaire ▪ Les vœux	▪ Les voyelles nasales	59
▪ Parler des activités quotidiennes ▪ Exprimer des sensations ▪ Parler de la santé ▪ Inviter, accepter et refuser une proposition	▪ Les interrogatifs : **qui, où, quel...** ▪ **DEVOIR et VENIR** : le présent ▪ Les verbes pronominaux : **SE COUCHER** ▪ Le pronom **on** ▪ La formation et l'emploi du futur proche	▪ Avant de, après ▪ Les parties du corps	▪ Les loisirs (sports, télé, etc.) ▪ Les habitudes de santé ▪ Expressions idiomatiques ▪ Les J.O. d'hiver en France ▪ Le rugby	▪ Les sons [s] et [z] ▪ Le son [ʒ], J ou G	71
▪ Parler de ce qu'on a fait ▪ Décrire et situer un lieu ▪ Situer un objet ▪ Parler de projets et exprimer des souhaits	▪ Le passé composé ▪ Les pronoms COD ▪ Les pronoms relatifs **qui** et **où** ▪ Les indicateurs de lieu : **à, en, entre, dans, loin de, près de...**	▪ Les moyens de transports ▪ La météo	▪ Découvrir la France hexagonale et d'outre-mer ▪ Peintres à découvrir ▪ Le phénomène des marées	▪ Les sons [e], [ɛ] et [ə]	83
					95

sept **7**

Comment utiliser Pourquoi pas ! ?

Vous avez entre les mains le livre de l'élève de **Pourquoi pas !**, la première méthode de français pour adolescents qui propose aux apprenants de réaliser, selon les recommandations du Cadre européen commun de référence pour les langues (CECR), des tâches dans une perspective actionnelle, car on apprend à parler une langue en la parlant, comme on apprend à jouer d'un instrument ou au football en jouant.

Dans chaque unité, l'apprenant acquerra les outils lexicaux et grammaticaux, les savoir-faire et les stratégies d'apprentissage qui lui permettront de réaliser la tâche proposée dans notre portfolio.

La perspective actionnelle développée dans ce manuel fait de l'élève le véritable acteur de son apprentissage à travers des activités où il pourra pleinement s'impliquer, à l'écrit et à l'oral, individuellement, en tandem ou en groupe.

Dès la page de garde, l'apprenant saura la tâche qu'il devra réaliser en fin d'unité et les outils dont il aura besoin pour la mettre en place.

Une compréhension orale ? Une activité écrite ? Une stratégie d'apprentissage ? Pour mieux se repérer dans ce livre, voici quelques explications sur les symboles qui y apparaissent au fil des pages :

Ce pictogramme indique les activités audio.

Ce petit dictionnaire renvoie à des activités lexicales.

Ce point rouge indique un échantillon d'échange oral.

• *Je pense que…*
○ *Et moi, je pense que…*

Ce stylo précède un modèle de l'activité écrite attendue.

Cette boussole pour « savoir apprendre » indique les stratégies d'apprentissage.

Monsieur Phonétique illustrera les activités de phonétique et de prosodie du manuel.

On a besoin de…

Cette colonne fournit les outils pour la réalisation des activités de la double page. Il trouvera une information plus détaillée dans le Précis grammatical.

8 huit

Quartier libre, c'est le nom du magazine que les apprenants vont retrouver sur une double page en fin d'unité. Comme son nom l'indique, c'est le moment de détente et d'humour : on y trouve des articles de civilisation, des recettes, des jeux, etc. sur la France et la Francophonie.

Zoé, **O**livier, **M**alik et **R**udy, ainsi que les jumelles **O**céane et **M**arine sont les héros de Z.O.M et R.O.M, la bande dessinée de Quartier libre. Les apprenants les retrouveront dans six aventures différentes. Cette BD permet d'apporter une grande quantité d'échantillons de langue orale.

À la fin de chaque unité, la rubrique Notre portfolio donne les indications pour la réalisation de la tâche finale. Il peut s'agir d'un poster pour la classe, d'un projet de fête, etc. C'est le moment où les apprenants devront mobiliser les connaissances et les acquis de l'unité pour que la tâche soit une réussite.

Toutes les tâches de ce livre sont basées sur le CECR.

neuf **9**

Comment utiliser Pourquoi pas ! ?

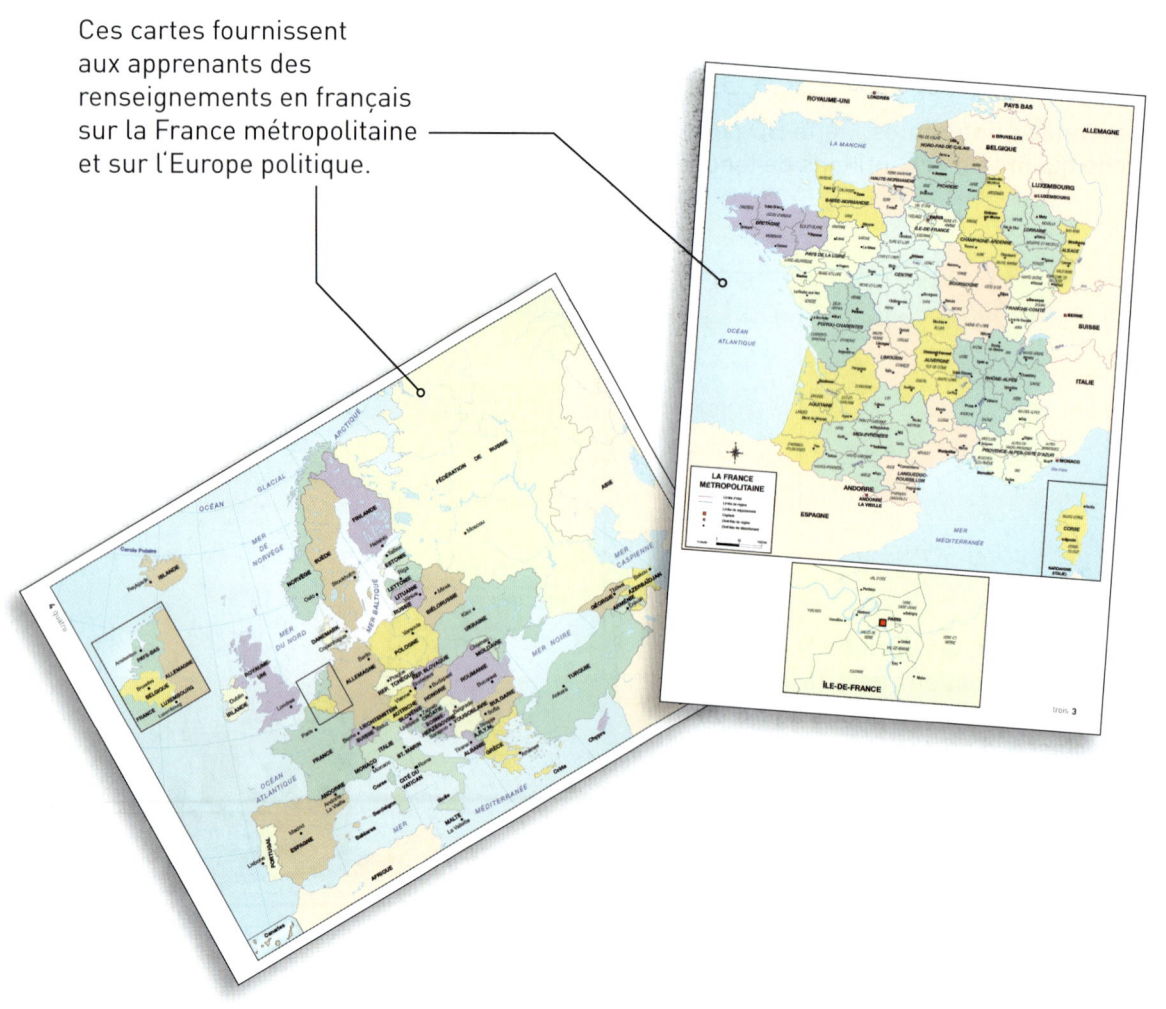

Toutes les trois unités, le manuel propose à l'élève de faire le point sur son apprentissage au travers d'activités variées reprenant les différentes compétences.

Ils pourront aussi se préparer au DELF scolaire grâce à la rubrique *En route vers le DELF !*

Ces cartes fournissent aux apprenants des renseignements en français sur la France métropolitaine et sur l'Europe politique.

10 dix

Jeudi 3 novembre
NOTRE PORTFOLIO
Aujourd'hui, nous allons réaliser
Alors, est-ce que vous êtes prêts pour la présentation ?
Un instant, s'il vous plaît !
Pas encore
Presque
On n'a pas fini !
Excusez-moi, vous pouvez écrire « journal » au tableau, s'il vous plaît ?
Excusez-moi, je n'ai pas bien compris la consigne. Vous pouvez répéter ?
Dis, ça s'écrit comme ça « Je pense » ?
Je ne sais pas. On va demander à la prof.
C'est facile, écoute !
Tiens, c'est ça. Regarde !
Excuse-moi, tu me prêtes ton dictionnaire, s'il te plaît?
Qu'est-ce que c'est un « stylo » ?
Comment vous trouvez cette photo ? Elle est bien, non ?
Victor Rivas 08

Bonjour,

Ce livre a été écrit pour toi.
Il va te permettre d'apprendre à parler, à écrire ou à dire en français qui tu es, ce que tu aimes, comment sont tes amis, ta famille, etc. .

Apprendre une autre langue, c'est comme un voyage ou une aventure.
D'abord, pense que tout ne t'est pas complètement inconnu. Tu verras que sans en être conscient(e), tu connais déjà beaucoup de choses. Le français n'est pas si difficile que ça ! Et les thèmes abordés dans **Pourquoi pas !** te feront parler de choses qui t'intéressent.

Pour avancer en français, tu devras faire appel à de nombreuses stratégies que tu as déjà acquises à travers d'autres expériences de la vie de tous les jours (à la maison, dans la rue ou dans d'autres matières) et que tu utilises sans t'en rendre compte. Les activités que nous te proposons te permettront de les activer et de savoir quelles sont celles qui te conviennent le mieux pour apprendre une langue.

Seul(e) et / ou en groupe, tu vas observer, comprendre et réutiliser des éléments de façon variée et motivante.
Pourquoi pas ! va être ton guide dans l'apprentissage de cette nouvelle langue. Tu verras comment petit à petit le français n'aura plus de secret pour toi.

Bon voyage !

UNITÉ 0 C'est parti !

Pour te débrouiller dans une nouvelle langue, tu devras faire appel à de nombreuses stratégies. Nous te proposons quelques activités pour les éveiller et les développer.

Chaque fois que tu réussiras une activité, tu auras un objet à mettre dans tes bagages. À la fin, tu dois avoir six objets dans ta valise. Ces objets sont :

- Des **jumelles** (activité 1)
- Un **casque audio** (activité 2)
- Une **boussole** (activités 3, 7 ,8 et 11)
- Un **dictionnaire** (activité 4)
- Un **MP3** (activités 5, 9 et 10)
- Une **carte** (activités 6 et 12)

Rappelle-toi que tu ne fais pas ce voyage seul. La langue est un instrument que l'on utilise en société pour communiquer avec les autres. Le travail en équipe est très important dans cette aventure.

Ne t'inquiète pas. Si tu ne réussis pas une activité, continue ton parcours et réessaie plus tard. Tu vas y arriver.

Bon voyage !

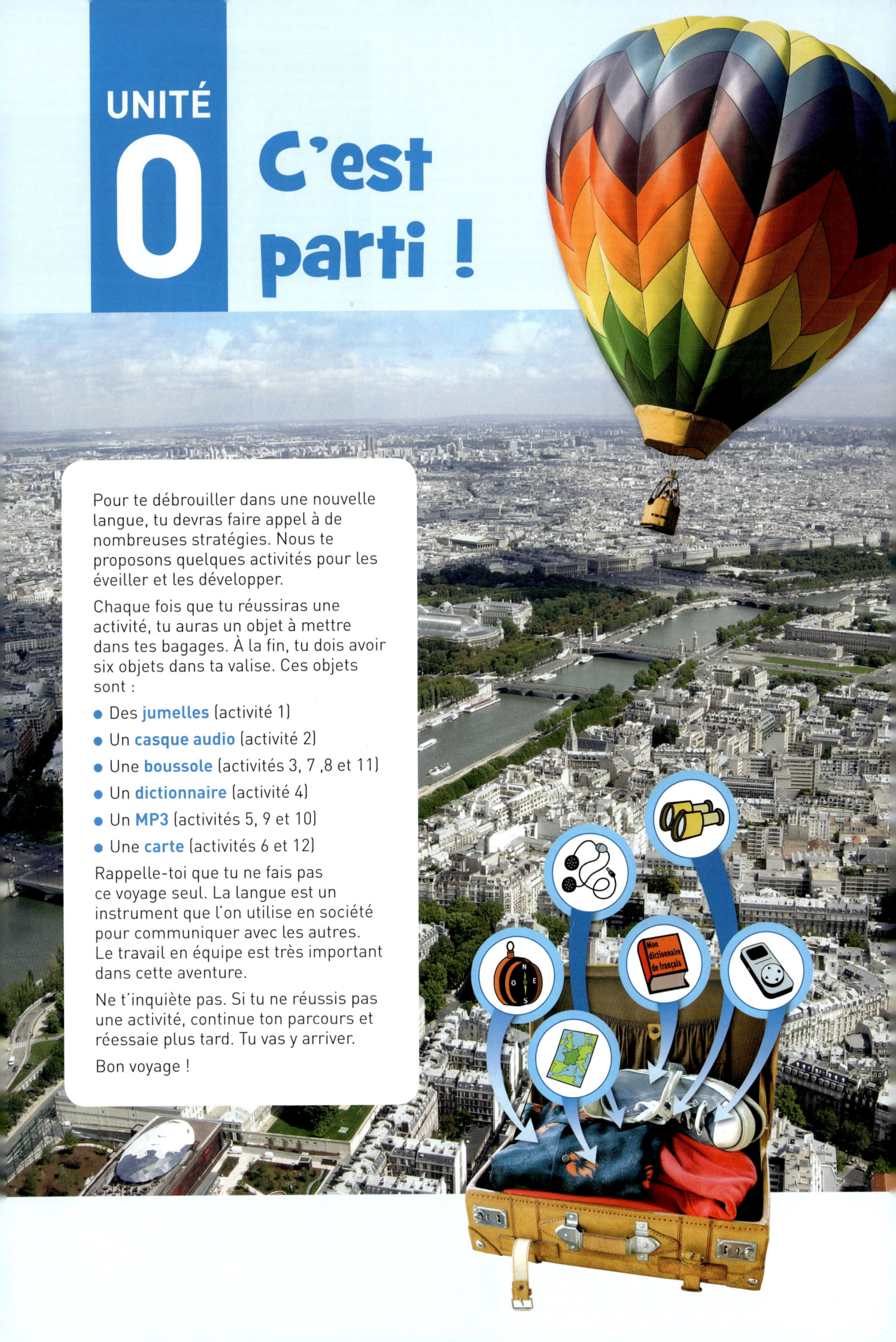

0 C'est parti !

1 Images du français

A. Reconnais-tu ces images ? Avec quels pays francophones les associes-tu ? Avec ton voisin, essaie de trouver les réponses.

B. Dans la liste qui suit, quels sont les pays où on parle français ? Ils sont sur quel continent ?

France	Pologne	Italie
Belgique	Canada	Grèce
Espagne	Suisse	Allemagne

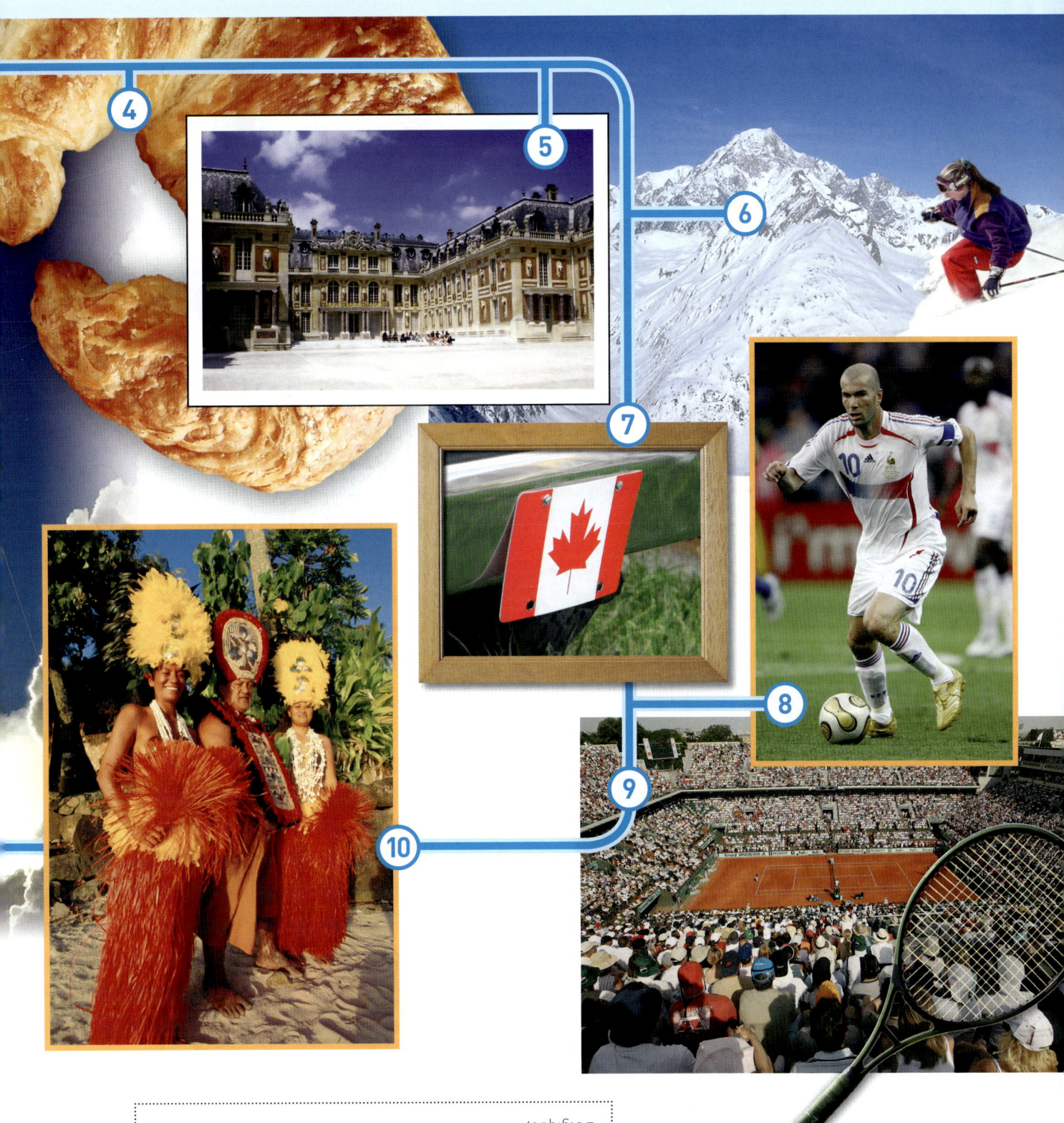

1. La tour Eiffel (Paris, France). 2. *Le Petit Prince* d'Antoine de Saint-Exupéry (écrivain français). 3. Astérix (personnage de bande dessinée franco-belge). 4. Un croissant (France). 5. Château de Versailles (France). 6. Les Alpes (France et Suisse). 7. Le drapeau du Canada (le Québec est une province canadienne où l'on parle français). 8. Zinédine Zidane (joueur de football français). 9. Le tournoi de tennis de Roland-Garros (Paris, France). 10. La Polynésie française (France). 11. La fusée spatiale ARIANE (lancement en Guyane française) 12. Fromage de Gruyère (Suisse) 13. La Côte d'Azur (France) 14. L'Atomium (Bruxelles, Belgique)

C. Tu es allé en France ou dans un pays francophone ? Explique à ton voisin où et quand.

Il y a beaucoup d'images et d'événements de la culture francophone que tu connais déjà.

Si tu as cinq bonnes réponses, tu gagnes des jumelles.

quinze 15

0 C'est parti !

2 Tu reconnais le français ?

Écoute ces messages. Dis lesquels sont en français ? Tu reconnais d'autres langues ?

Piste 1

1
2
3
4
5

Tu es capable de reconnaître le français parmi d'autres langues !

Tu gagnes un casque de MP3 à utiliser pendant ton voyage.

3 Messages

Tu es capable de comprendre ces messages ? Où est-ce que tu peux les trouver ?

1. Cyber C@fé – SANDWICHERIE – COUSCOUS TAJINE SUR COMMANDE – 05.56.59.02.86
2. POSTES
3. DÉFENSE DE FUMER
4. LA PRESSE
5. METRO
6. RUE J.J. ROUSSEAU
7. CHIENS TENUS EN LAISSE
8. Sortie
9. ATTENTION AU FEU

Tu comprends déjà des messages courts en français grâce au contexte !

Tu gagnes un point pour avoir une boussole. Il t'en manque encore trois.

16 seize

4 Des mots français faciles à comprendre

A. Est-ce qu'il y a dans ta langue ou une langue que tu connais, des mots qui ressemblent à ces mots français ?

café · abricot · banane · croissant · chocolat

RESTAURANT
salade · menu · chef

programme · problème · conférence · professeur · bibliothèque

toilettes · téléphone · terrasse · garage · balcon

B. Quels autres mots tu connais en français ? Par groupes de trois, faites une liste en cinq minutes.

Dans ta langue, il y a des mots similaires au français ou même qui sont français : tu connais déjà beaucoup de mots !

Tu gagnes un dictionnaire.

Mon dictionnaire de français

dix-sept 17

0 C'est parti !

5 Apprends les chiffres en chantant

A. Écoute et répète les chiffres en suivant les différents rythmes.

Pistes 2-3

B. Maintenant, chante-les sur les mélodies proposées.

zéro • un • deux • trois • quatre • cinq • six • sept • huit • neuf • dix

> Le rythme et la musique sont une aide très importante pour apprendre une langue. Utilise-les autant que tu peux.
>
> **Tu gagnes la première partie de ton MP3.**

6 Comment tu mémorises ?

Voici quelques objets de la classe. Regarde l'image pendant une minute, écoute les mots et essaie de les mémoriser. Ensuite, ferme le livre et écris la liste dans ton cahier. Qu'est-ce qui t'a aidé à les mémoriser (copier les mots, les associer à une image, les répéter à haute voix, les dessiner...) ?

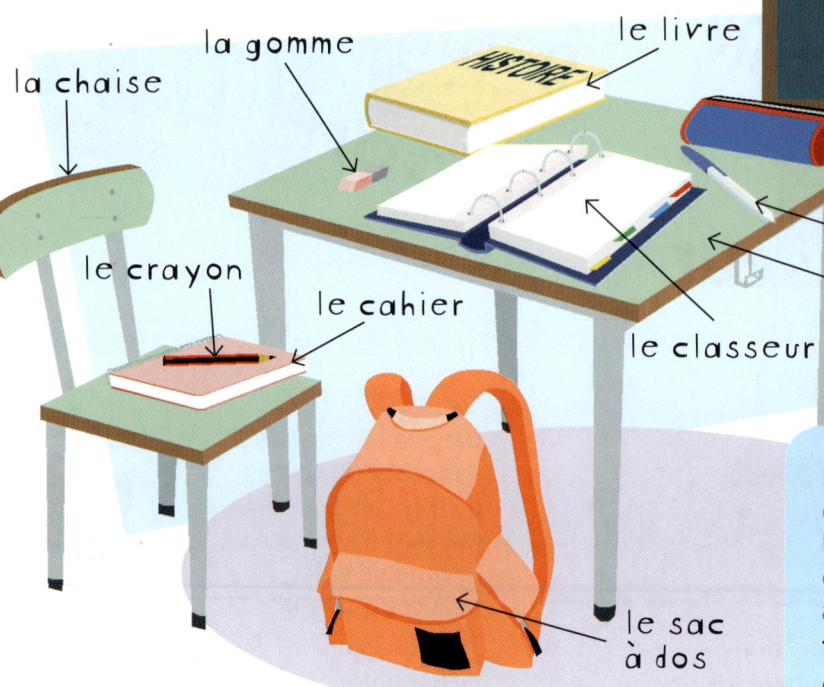

Piste 4

le tableau • la chaise • la gomme • le livre • le crayon • le cahier • le classeur • la trousse • le stylo • la table • le sac à dos

> Maintenant, tu sais mieux comment tu mémorises. Utilise cette stratégie chaque fois que tu en auras besoin.
>
> **Tu gagnes une partie de la carte.**

18 dix-huit

7 Es-tu logique ?

Essaie de résoudre ces énigmes. Quelle est la valeur numérique de chaque objet ?

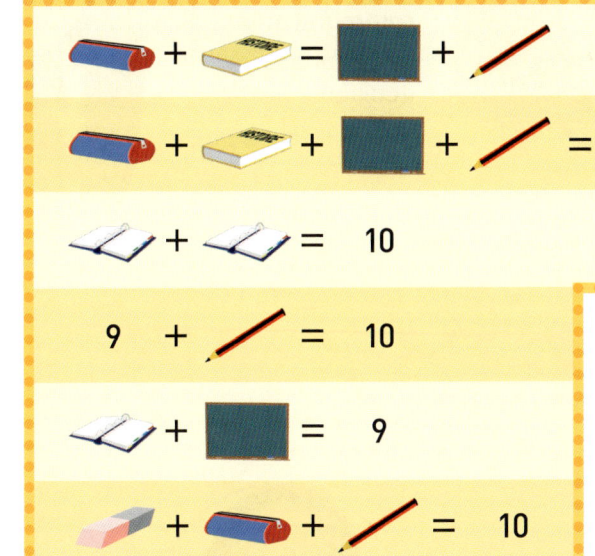

🖊️ + 📕 = 🟩 + ✏️   🧽 + ✏️ = 🖊️

🖊️ + 📕 + 🟩 + ✏️ = 10   🖊️ − 📓 = 📕

📓 + 📓 = 10   🟩 × 📕 = 8

9 + ✏️ = 10

📓 + 🟩 = 9

🧽 + 🖊️ + ✏️ = 10

> **La langue a une partie logique !** Dans cet exercice, tu as utilisé la mémoire et la logique. Cette combinaison te sera très utile pour résoudre des questions sur les règles de grammaire.
>
> **Tu gagnes le deuxième point pour avoir ta boussole.**

8 Les mots du dictionnaire

A. Voici la définition d'un mot dans un dictionnaire multilingue. Qu'indique chaque partie du texte ?

> **fille** *n.f.* [fij]
> n.f. Enfant ou jeune personne de sexe féminin.
> All. : *Mädchen* ; Ang. : *Girl* ; Esp. : *Chica* ; It. : *Ragazza*

[...] n.f.

[...] Enfant ou jeune personne (...)

[...] All./Ang./Esp./It.

[...] [fij]

C. traduction du mot dans différentes langues.

A. catégorie du mot (nom, adjectif, etc.).

D. prononciation du mot.

B. traduction du mot.

B. Cherche dans ton dictionnaire l'expression : « pourquoi pas ». Quelle est la traduction de cette expression dans ta langue ?

> **Un dictionnaire est un outil précieux mais il faut savoir s'en servir.** Tu viens de faire une activité pour te familiariser avec lui.
>
> **Tu gagnes la troisième partie de la boussole.**

0　C'est parti !

9　Mémoire auditive

Pistes 5-6

A. Regarde les objets de la page 18. Puis, écoute une série avec les noms des objets de la classe. Quel mot se répète ?

B. Écoute deux autres séries avec les noms des objets de la classe en regardant les images. Quel objet manque à chaque fois ?

> Une langue est surtout orale. La mémoire auditive te servira à réussir dans la communication.
>
> **Tu gagnes la deuxième partie de ton MP3.**

10　Imite les Français

Pistes 7-9

Écoute et répète les dialogues. Mais attention, pour parler une langue étrangère, il faut parfois changer l'expression de son visage. Tu ne dois pas avoir honte ! Essaie, tu verras, c'est amusant.

- Bonjour madame Dupuis. Comment allez-vous ?
- Très bien, merci monsieur Bourdieu, et vous ?

- Au revoir Luc !
- À demain !
- À bientôt !

- Salut Martin ! Ça va ?
- Ça va, et toi ?

> **Ne pas avoir honte, c'est essentiel pour parler une langue étrangère.**
>
> Avec cette activité, tu gagnes ton dernier point pour compléter ton MP3.

20　vingt

11 Es-tu bon stratège ?

Regarde ce texte. De quoi s'agit-il ?
Lis et réponds aux questions ci-dessous.

LE PETIT CHAPERON ROUGE

Il était une fois, dans un village, une petite fille très jolie. Sa mère lui fit faire un petit chaperon rouge et tout le monde finit par l'appeler « le Petit Chaperon rouge ».
Un jour, sa mère lui dit :
5 « _ Va voir comment se porte ta mère-grand. Porte-lui une galette et ce petit pot de beurre. »
Le Petit Chaperon rouge partit pour aller chez sa grand-mère qui habitait dans un autre village. En passant dans le bois, elle rencontra le loup, qui avait envie de la manger mais qui n'osait pas, à cause de
10 quelques bûcherons qui étaient près de là.
Le loup lui demanda où elle allait et le Petit Chaperon rouge lui dit :
« _ Je vais voir ma mère-grand et lui porter une galette avec un petit pot de beurre que ma mère lui envoie.
_ Est-ce qu'elle habite loin d'ici ? lui demanda le loup.
15 _ Oh ! oui, dit le Petit Chaperon rouge, c'est par là-bas, après le bois. Sa maison est la première du village.
_ Eh bien ! dit le loup, moi aussi je aller la voir. » Et il se mit à courir de toutes ses forces par le chemin qui était le plus court. La petite fille s'en alla par le chemin le plus long, s'amusant à faire des bouquets de
20 petites fleurs qu'elle trouvait. »
Le loup arriva le premier chez la grand-mère ; il frappa à la porte :
« toc, toc. »
« _ Qui est là ? dit la grand-mère qui était couchée.
25 _ C'est votre petite-fille, le Petit Chaperon rouge, dit le loup en contrefaisant sa voix, je vous apporte une galette et un petit pot de beurre que ma mère vous envoie. »
La bonne grand-mère lui dit :
30 « _ La porte est ouverte, tu peux entrer. »

*Un jour sa mère lui dit :
« Va voir comment se porte ta mère-grand. »*

Le loup lui demanda où elle allait.

« Toc Toc »

« Qui est là ? » dit la grand-mère qui était couchée.

1. Comment s'appelle ce conte dans ta langue ?
2. Comment sais-tu que c'est bien ce conte ?
3. Repère dans le texte les noms qui désignent les quatre personnages principaux :

4. Tu reconnais d'autres mots ou phrases ? Lesquels ?
5. Quelle est la formule, en français, pour commencer un conte ?

Bravo ! Tu viens de réaliser que tu comprends beaucoup de choses dans un long texte sans connaître tous les mots. Pour cela, il faut faire attention à des éléments qui accompagnent toujours les textes.

Tu gagnes la quatrième partie de la boussole.

0 C'est parti !

12 Découvre ton livre !

Un livre, c'est comme une carte de géographe, il est plein de codes. Il faut les connaître pour les utiliser.

1. Combien d'unités il y a ?
   a) **4**   b) **7**   c) **9**

2. Combien de bilans ?
   a) **2**   b) **4**   c) **6**

3. Quelle unité s'appelle : « C'est la fête » ?
   a) **Unité 2**   b) **Unité 4**   c) **Unité 5**

4. Dans chaque unité, les repères de grammaire se trouvent dans :
   a) NOTRE PORTFOLIO
   b) QuARTieR libRE
   c) On a besoin de...

5. Dans chaque unité, il y a un magazine. Comment il s'appelle ?
   a) NOTRE PORTFOLIO
   b) QuARTieR libRE
   c) On a besoin de...

6. Quelle partie explique comment réaliser le produit final de l'unité ?
   a) NOTRE PORTFOLIO
   b) QuARTieR libRE
   c) On a besoin de...

7. Ce petit bonhomme, dans la section « Des sons et des lettres », accompagne :
   a) **La grammaire**
   b) **Le vocabulaire**
   c) **La phonétique et l'orthographe**

8. Dans le livre, où peux-tu trouver une carte de France ?
   a) **À la fin du livre**
   b) **Au début du livre**
   c) **Au milieu du livre**

9. Ces icones sont présents tout au long du livre. Dans ton cahier, relie-les avec leur signification.

   Tu dois écrire.

   Tu dois écouter un document audio (le CD).

   Tu mets en place une stratégie.

   Il faut faire attention car c'est un cas particulier.

   Tu vas travailler sur le vocabulaire dans cette activité.

Ce livre sera ton outil pour apprendre le français. Il faut bien le connaître.

Tu gagnes la deuxième partie de la carte. Ça y est, ton bagage est prêt ! L'aventure commence ! C'est parti !

UNITÉ 1
Bonjour, moi c'est Antoine

NOTRE PORTFOLIO

Dans cette unité, nous allons...

nous présenter avec un collage collectif et une chanson que nous garderons dans notre portfolio.

Pour cela, nous allons apprendre :

- à nous présenter
- à demander et dire notre âge
- à parler de nos frères et sœurs
- à demander et donner un numéro de téléphone

Et nous allons utiliser :

- les chiffres de **11** à **100**
- **ÊTRE** et **AVOIR** : le présent
- les verbes en **–ER**
- la négation
- les articles définis : **le, la, l', les**
- les pronoms sujets : **je, tu, il**...
- les pronoms toniques : **moi, toi**...
- les adjectifs de nationalité

1. Premier contact

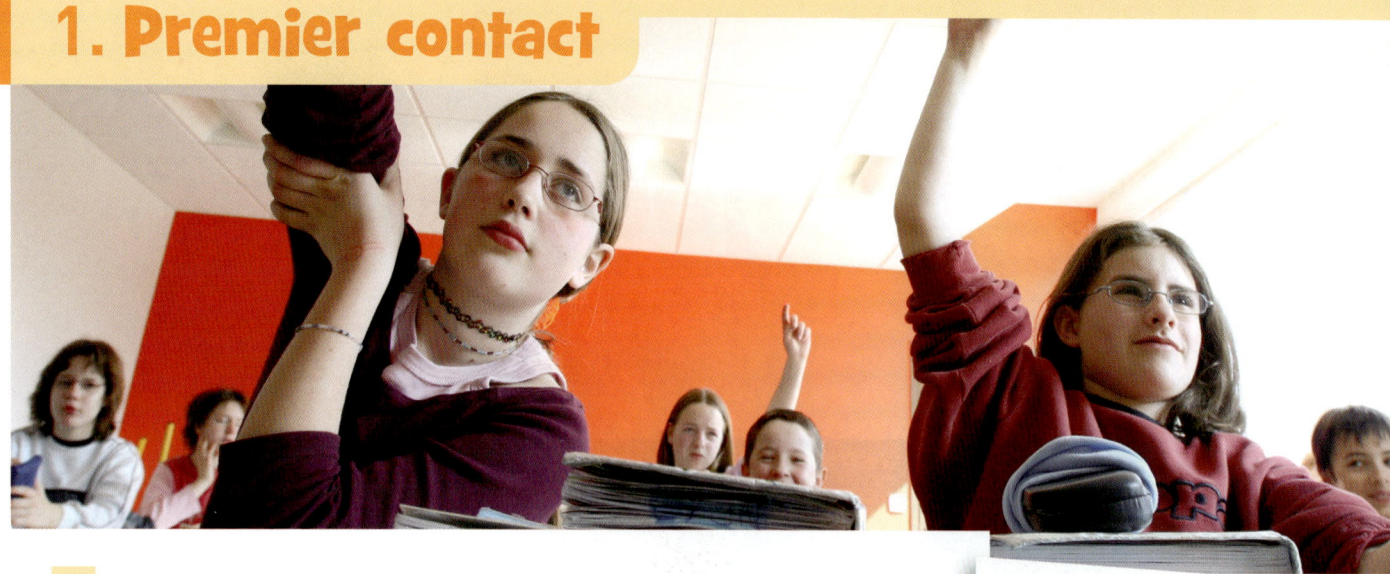

1 La rentrée

A. C'est le premier jour de cours au collège Jacques Prévert. Le professeur fait l'appel. Regarde la liste et écoute. Trois élèves manquent. Lesquels ? Vous êtes tous d'accord ?

Piste 10

B. À ton avis, dans cette liste, quels sont les prénoms de fille et de garçon ? Parle avec ton voisin et complète le tableau dans ton cahier.

PRÉNOMS DE FILLE	PRÉNOMS DE GARÇON	JE NE SAIS PAS
Coline	Jules	

- Coline, c'est un prénom de fille ?
- Oui. Et Jules ?

C. Lis les prénoms à voix haute. Il y en a qui sont difficiles à prononcer ? Demande à ton professeur de t'aider.

D. Tu connais d'autres prénoms français ? Lequel tu préfères ? Il existe dans ta langue ?

- Julie, c'est Julia.

Collège Jacques Prévert
Classe : 5e F

Nom	Prénom
BALAOUI	Malik
CÉBRIAN	Mehdi
CHOUCHAOUI	Julie
DA SILVA	Anaïs
GILLOUARD	Hélène
DUPRÉ	Benjamin
MAGNE	Coline
MATHERET	Noémie
PRASTOWSKA	Quentin
PANDERNO	Nicolas
PICOLO	Antoine
RASTOUREAU	Colin
SAUPIQUET	Jules
ZYCHÈTA	Clément

2 Comment ça s'écrit ?

A. Tu peux épeler ton nom de famille ? Regarde l'alphabet français.

- Martinez : M.A.R.T.I.N.E.Z.

B. Par groupes de trois, épelez le nom d'un personnage célèbre pour que les autres groupes devinent.

- R, O, N, A, L, D...
- Ronaldhino !

24 vingt-quatre

3 Les « mariages » de voyelles

Pistes 11-12

A. Certaines voyelles forment des sons différents quand elles sont ensemble. Écoute et observe le tableau.

J'écris > je dis			
ei, ai > [ɛ] [e]	au, eau > [o]	ou > [u]	oi > [wa]
La Seine Calais …	Chaume Bordeaux …	Toulouse Strasbourg …	Roissy Loire …

B. Maintenant, écoute et répète les mots ou groupes de mots suivants.

C. Complète le tableau ci-dessus avec les mots correspondants. Attention, il y a un mot qui doit être dans deux colonnes !

français   Pau
jaune   le Tour de France
rouge   trois   S'il vous plaît !
bonsoir   Pauline   bonjour
Poitiers   Lausanne   Je ne sais pas.
anglais   Pourquoi ?   Luxembourg

D. Comparez vos réponses.

On a besoin de…

L'alphabet

A [ɑ]	▶	Amélie
B [be]	▶	Brigitte
C [se]	▶	Claude
D [de]	▶	David
E [ə]	▶	Emmanuel
F [ɛf]	▶	Florence
G [ʒe]	▶	Gilles
H [aʃ]	▶	Hélène
I [i]	▶	Irène
J [ʒi]	▶	Jacques
K [kɑ]	▶	Kader
L [ɛl]	▶	Léo
M [ɛm]	▶	Marie
N [ɛn]	▶	Noémie
O [o]	▶	Océane
P [pe]	▶	Pierre
Q [ky]	▶	Quentin
R [ɛr]	▶	Rosaline
S [ɛs]	▶	Sarah
T [te]	▶	Thérèse
U [y]	▶	Ulysse
V [ve]	▶	Virginie
W [dubləve]	▶	Wendie
X [iks]	▶	Xavier
Y [igrɛk]	▶	Yves
Z [zɛd]	▶	Zoé

💡 Ç = (C cédille) comme dans François

Les accents sur le E

« e » accent aigu é [e] : téléphone…
« e » accent grave è [ɛ] : mère…
« e » accent circonflexe ê [ɛ] : fête…
« e » tréma ë [ɛ] : Noël

Comment ça s'écrit ?

Cannes s'écrit avec un C et deux N.
Dupré s'écrit avec un accent sur le E.

💡 Les lettres sont au masculin :
le A, le B, le C…

Le prénom et le nom

● **Comment tu t'appelles** ?
○ **(Je m'appelle)** Coline. Et toi ?
● **Moi, (c'est)** Sarah.
○ **Quel est ton nom de famille** ?
● Martin.

vingt-cinq 25

1 | 2. J'ai douze ans et je suis espagnole

4 Un peu de géographie

A. Regarde cette carte et trouve les noms des pays qui manquent. Tu as la liste sous la carte.

La Suisse, c'est le 9.
...

B. Observes-tu une différence entre la façon de désigner les pays en français et dans ta langue ?

C. Maintenant, fais la liste des pays qui ont une frontière avec le tien.

La Norvège • La Finlande • L'Islande • L'Estonie • La Suède • La Lettonie • Le Danemark • La Lituanie • L'Irlande • La Grande-Bretagne • Le Luxembourg • La République Tchèque • La Slovaquie • L'Autriche • La Hongrie • La Slovénie • La Roumanie • La Croatie • La Serbie • La Bosnie-Herzégovine • Le Montenegro • La Bulgarie • L'Albanie

| L'Allemagne | La France | L'Espagne | Les Pays-Bas | La Suisse |
| La Belgique | La Grèce | L'Italie | Le Portugal | La Pologne |

5 Masculin-féminin

A. Associe le féminin et le masculin de ces dix nationalités.

portugais • roumaine • marocaine • français • française • marocain • suisse • anglais • portugaise • allemande • allemand • espagnole • roumain • hongrois • suisse • belge • hongroise • anglaise • espagnol • belge

B. Classe les adjectifs de nationalité et essaie de trouver la règle.

1		2		3	
MASCULIN	FÉMININ	MASCULIN	FÉMININ	MASCULIN	FÉMININ
français	français**e**	italien	italien**ne**	belge	belge
...	...	...	...	...	...
Le féminin se forme en ajoutant		Le féminin se forme en ajoutant		Le féminin et le masculin	

C. À l'aide du dictionnaire, cherche trois autres nationalités et trouve les deux formes.

6 Présentations

A. Trois jeunes se présentent à un concours. Lis les trois textes. Selon toi, quel est le plus joli nom de chat ? Votez en classe.

http://www.forumdeschats.fr

Concours de noms de chats

▶ Salut, ça va ? Je m'appelle Hugo. Je suis français. J'ai douze ans et j'ai deux sœurs : Héloïse qui a douze ans aussi et Hélène qui a 17 ans. Nous avons trois chats, ils s'appellent Hache, Harmonie et Himalaya. Les voilà !

▶ Je m'appelle Emma. J'ai quatorze ans et je suis belge. J'ai deux frères qui s'appellent Lucas et Maxime. Ils ont onze et treize ans. Voilà les chats de la famille. Lucas et Maxime ont un chat qui s'appelle Chatouille et j'ai deux chats qui s'appellent Chocolat et Chantilly. Chocolat est la mère de Chatouille.

▶ Bonjour à tous ! Je m'appelle Tina. Je suis italienne. J'ai treize ans. J'ai une sœur de 10 ans et un frère de 9 ans. Ils s'appellent Alexandra et Jaime. Alexandra a un chat qui s'appelle Dorémi, Jaime a un chat qui s'appelle Fasola et j'ai un chat qui s'appelle Sidoré. Au revoir !

B. À l'aide des informations dans les textes, classe les neuf personnes du plus jeune au plus vieux.

C. Puis répond aux questions :
- Qui a deux sœurs ?
- Qui a un frère et une sœur ?
- Qui a deux frères ?

D. Et dans ta classe ? Interroge tes camarades. Qui a un animal à la maison ? Lequel : un chien, un chat, un lapin, un hamster, une tortue, un poisson… ? Comment il s'appelle ?

● Moi, j'ai un hamster. Il s'appelle Krikrik.
○ Moi, j'ai un poisson.

On a besoin de…

Les articles définis

	masculin	féminin
singulier	**le** chat	**la** tortue
	l'oiseau	
pluriel	**les** chien**s**	

💡 Quand un mot commence par une voyelle, l'article défini singulier est **l'** : **l'é**lève, **l'Esp**agne…

Les nombres de 11 à 20

11 ▶ onze 16 ▶ seize
12 ▶ douze 17 ▶ dix-sept
13 ▶ treize 18 ▶ dix-huit
14 ▶ quatorze 19 ▶ dix-neuf
15 ▶ quinze 20 ▶ vingt

L'âge

● Tu **as** quel âge ?
○ J'**ai** 12 **ans**, et toi ?
● Moi, 11.

AVOIR / ÊTRE

AVOIR	ÊTRE
J'**ai**	Je **suis**
Tu **as**	Tu **es**
Il/Elle/On **a**	Il/Elle/On **est**
Nous **avons**	Nous **sommes**
Vous **avez**	Vous **êtes**
Ils/Elles **ont**	Ils/Elles **sont**

J'ai une sœur et un frère.
Nous sommes suisses.

Les nationalités

● Tu es d'où ?
○ Je suis **anglais**, et toi ?
● Moi, **espagnole**.

Les pronoms toniques

Moi, je… / **Toi**, tu…

Je suis vieille. J'ai 70 ans.

Moi, j'ai 70 ans. Et toi ?
Moi, je suis jeune. J'ai 40 ans !

vingt-sept **27**

3. Vingt-deux, trente-deux

7 De onze à soixante-dix

A. Écoute et complète les séries.

Piste 13

61 58 37 49 20

B. Concours : regarde les séries et, en trois minutes, dis les chiffres qui manquent pour compléter chaque série.

64	70	70	?
?	?	67	64
44	60	64	?
?	55	?	57
24	?	58	54
?	45	55	50
4	40	52	?
	?	49	43
	30	?	40
	?	43	36
	20	40	?
	15	?	29
	10	34	26
	5	31	22
		28	19
		25	
		?	

C. Invente une série et dicte-la à ton voisin. Il doit deviner la suite.

28 vingt-huit

8 Rendez-vous sur le net

A. Lis la conversation et, avec ton voisin, écrivez un texte similaire. Puis, jouez-le.

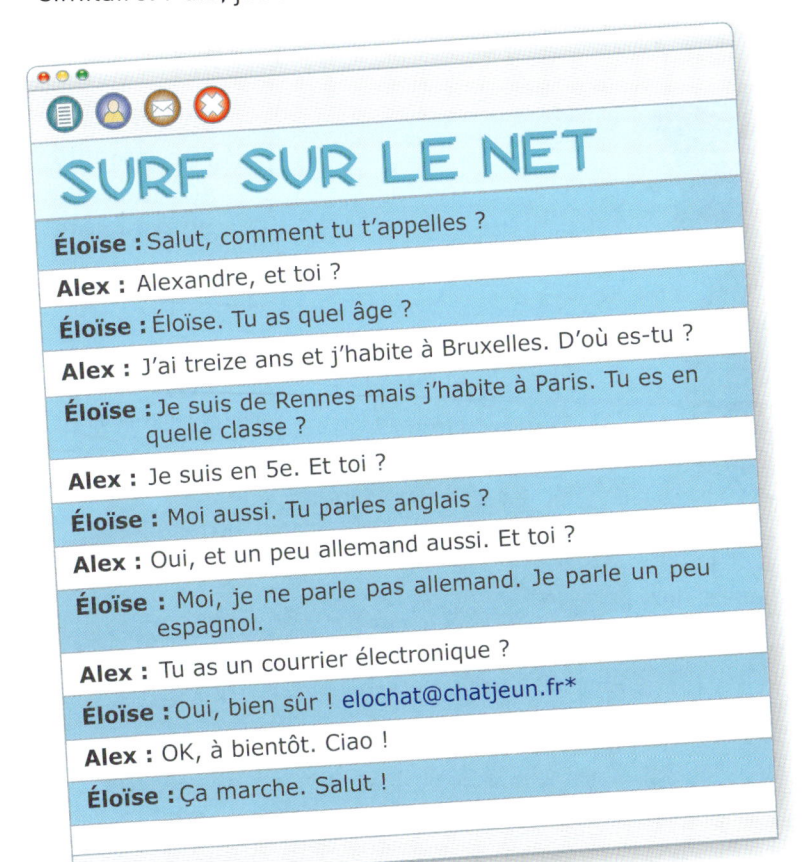

SURF SUR LE NET

Éloïse : Salut, comment tu t'appelles ?
Alex : Alexandre, et toi ?
Éloïse : Éloïse. Tu as quel âge ?
Alex : J'ai treize ans et j'habite à Bruxelles. D'où es-tu ?
Éloïse : Je suis de Rennes mais j'habite à Paris. Tu es en quelle classe ?
Alex : Je suis en 5e. Et toi ?
Éloïse : Moi aussi. Tu parles anglais ?
Alex : Oui, et un peu allemand aussi. Et toi ?
Éloïse : Moi, je ne parle pas allemand. Je parle un peu espagnol.
Alex : Tu as un courrier électronique ?
Éloïse : Oui, bien sûr ! elochat@chatjeun.fr*
Alex : OK, à bientôt. Ciao !
Éloïse : Ça marche. Salut !

* @ = arobase
.fr = point F R

B. Quelle langue parle chaque garçon? Discute avec ton voisin et décidez.

grec - italien - russe - espagnol - anglais - français - allemand.

• *Giovanni parle italien.*
...

- Me llamo Juan.
- Με λένε Ιάννης (Iannis).
- Ich heiße Johann.
- Mi chiamo Giovanni.
- My name is John.
- Меня зовут Иван (Ivan).
- Je m'appelle Jean.

On a besoin de...

Les nombres de 21 à 70

21 ▶ vingt et un
22 ▶ vingt-deux
23 ▶ vingt-trois   30 ▶ trente
24 ▶ vingt-quatre   40 ▶ quarante
25 ▶ vingt-cinq   50 ▶ cinquante
26 ▶ vingt-six   60 ▶ soixante
27 ▶ vingt-sept   70 ▶ soixante-dix
28 ▶ vingt-huit
29 ▶ vingt-neuf

Les verbes en –ER : le présent

	PARLER	HABITER	ÉTUDIER
Je/J'	parle	habite	étudie
Tu	parles	habites	étudies
Il/Elle/On	parle	habite	étudie
Nous	parlons	habitons	étudions
Vous	parlez	habitez	étudiez
Ils/Elles	parlent	habitent	étudient

Je parle allemand et anglais.
Il habite à Strasbourg.
Vous étudiez le français ?

💡 La plupart des verbes en -**ER** se conjuguent sur ce modèle.

La négation : ne... pas

Je parle espagnol.
Je **ne** parle **pas** espagnol.
J'ai onze ans.
Je **n**'ai **pas** onze ans.

Oui / non

• Tu es italien ?
○ **Oui**, et toi ? Tu es espagnole ?
• **Non**, portugaise.

Habiter à.../habiter en...

• **Où est-ce que** tu habites ?
○ J'habite **à** Paris, et toi ?
• Moi, **à** Charleroi, **en** Belgique.

• Elle habite **à** Stuttgart ?
○ Non, elle habite **à** Brême, **en** Allemagne.

💡 **Aux** États-Unis, **au** Canada, **au** Brésil, **au** Sénégal...

vingt-neuf **29**

4. Mon passeport

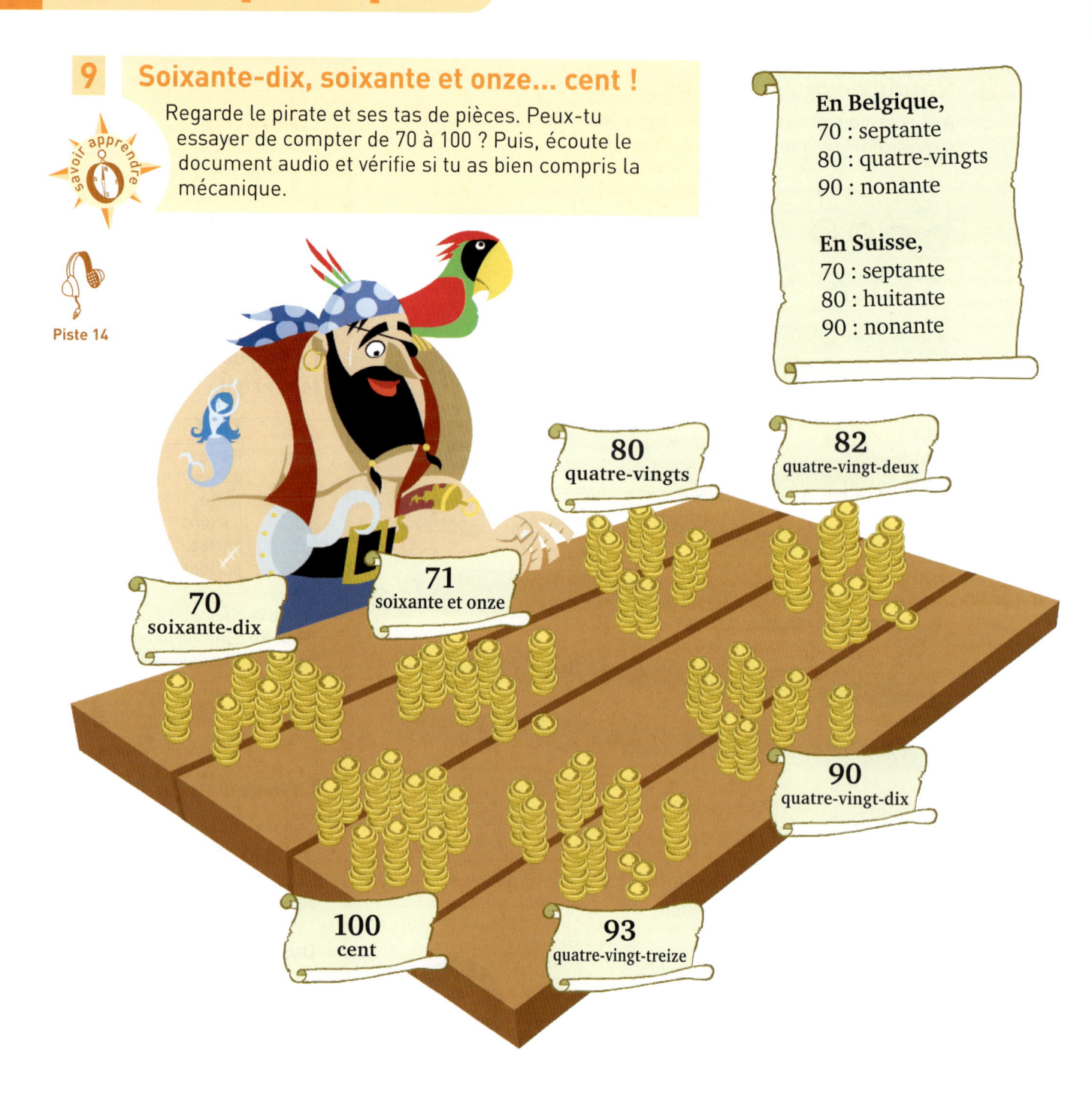

9. Soixante-dix, soixante et onze... cent !

Regarde le pirate et ses tas de pièces. Peux-tu essayer de compter de 70 à 100 ? Puis, écoute le document audio et vérifie si tu as bien compris la mécanique.

Piste 14

En Belgique,
70 : septante
80 : quatre-vingts
90 : nonante

En Suisse,
70 : septante
80 : huitante
90 : nonante

- 70 soixante-dix
- 71 soixante et onze
- 80 quatre-vingts
- 82 quatre-vingt-deux
- 90 quatre-vingt-dix
- 93 quatre-vingt-treize
- 100 cent

10. Quel est ton numéro de téléphone ?

A. Deux copains discutent et l'un demande un numéro de téléphone. Écoute le dialogue ; note puis répète le numéro.

Piste 15

B. Demande à cinq élèves leur numéro de téléphone ou de portable.

• Quel est ton numéro de téléphone ?
○ C'est le 02 54 87 22 98.
• Et ton portable ?
...

30 trente

11 Le passeport d'Adrien

A. Voici le passeport européen des langues d'Adrien. Il parle combien de langues ? Il en étudie combien ?

PASSEPORT EUROPÉEN DES LANGUES

PASSEPORT N° : 00097876544

- **Nom :** Creuzen
- **Prénom :** Adrien
- **Sexe :** M
- **Âge :** 13 ans
- **Adresse :** 34, rue du Chalet 67000 Strasbourg
- **Pays :** France
- **Signature :** Adrien

LANGUES PARLÉES

Français Langue maternelle, langue de famille et langue d'école.

Anglais J'étudie l'anglais à l'école (6 ans). Séjour en famille à Brighton. Je parle avec des amis anglais. J'écoute des chansons. Je navigue en anglais.

Allemand J'étudie l'allemand à l'école (2 ans). Je parle un peu.

Italien Je parle un peu italien en vacances : Ciao, …

Arabe Je sais écrire mon prénom en arabe : أدريان

Espagnol Je parle espagnol pendant les vacances : hola, por favor… J'écoute des chansons : Manu Chao, Shakira…

B. Et toi, tu parles combien de langues ? Tu étudies combien de langues ?

• Je parle deux langues, l'allemand et le polonais.

C. Fais une enquête pour savoir combien de langues parlent les élèves de ta classe.

> Élèves qui parlent une langue :
> Élèves qui parlent deux langues :
> Élèves qui parlent trois langues :
> Élèves qui parlent quatre langues :

On a besoin de…

Les renseignements personnels

Nom : Poirier
Prénom : Sylvain
Adresse : 14, avenue Clémenceau
Adresse électronique : spoirier@interchat.fr
@ = arobase
.fr = point FR
Quel est ton numéro de téléphone ?
Quelle est ton adresse ?

Parler des langues

Je parle un peu anglais.
Je parle espagnol.
Le catalan est **ma langue maternelle**.

> Je parle chinois, anglais, français et un peu allemand ; j'étudie l'espagnol et l'italien.

Les nombres de 70 à 100

70 (60 + 10)	▶	soixante-dix
71 (60 + 11)	▶	soixante et onze
72 (60 + 12)	▶	soixante-douze
…		
80 (4 × 20)	▶	quatre-vingts
81 (4 × 20 + 1)	▶	quatre-vingt-un
82 (4 × 20 + 2)	▶	quatre-vingt-deux
…		
90 (80 + 10)	▶	quatre-vingt-dix
91 (80 + 11)	▶	quatre-vingt-onze
92 (80 + 12)	▶	quatre-vingt-douze
100	▶	cent

Quartier libre

La revue des jeunes qui apprennent le français.

N° 1

QUELLES SONT LES QUATRE CAPITALES DU FRANÇAIS DANS LE MONDE ?

C'est la capitale de l'Union européenne.

C'est une ville du Québec. Elle est en Amérique du Nord.

C'est le siège de la Croix-Rouge internationale. C'est une ville suisse.

C'est la capitale de la France.

PETIT DIKO* SMS
*DICTIONNAIRE

Le SMS crée un nouveau langage. Voici quelques exemples :

à demain : @2m1
bonjour : bjr
d'accord : dak
elle : L
salut : slt
salut, ça va ? : slt cv ?
tu habites où ? : tabitou

32 trente-deux

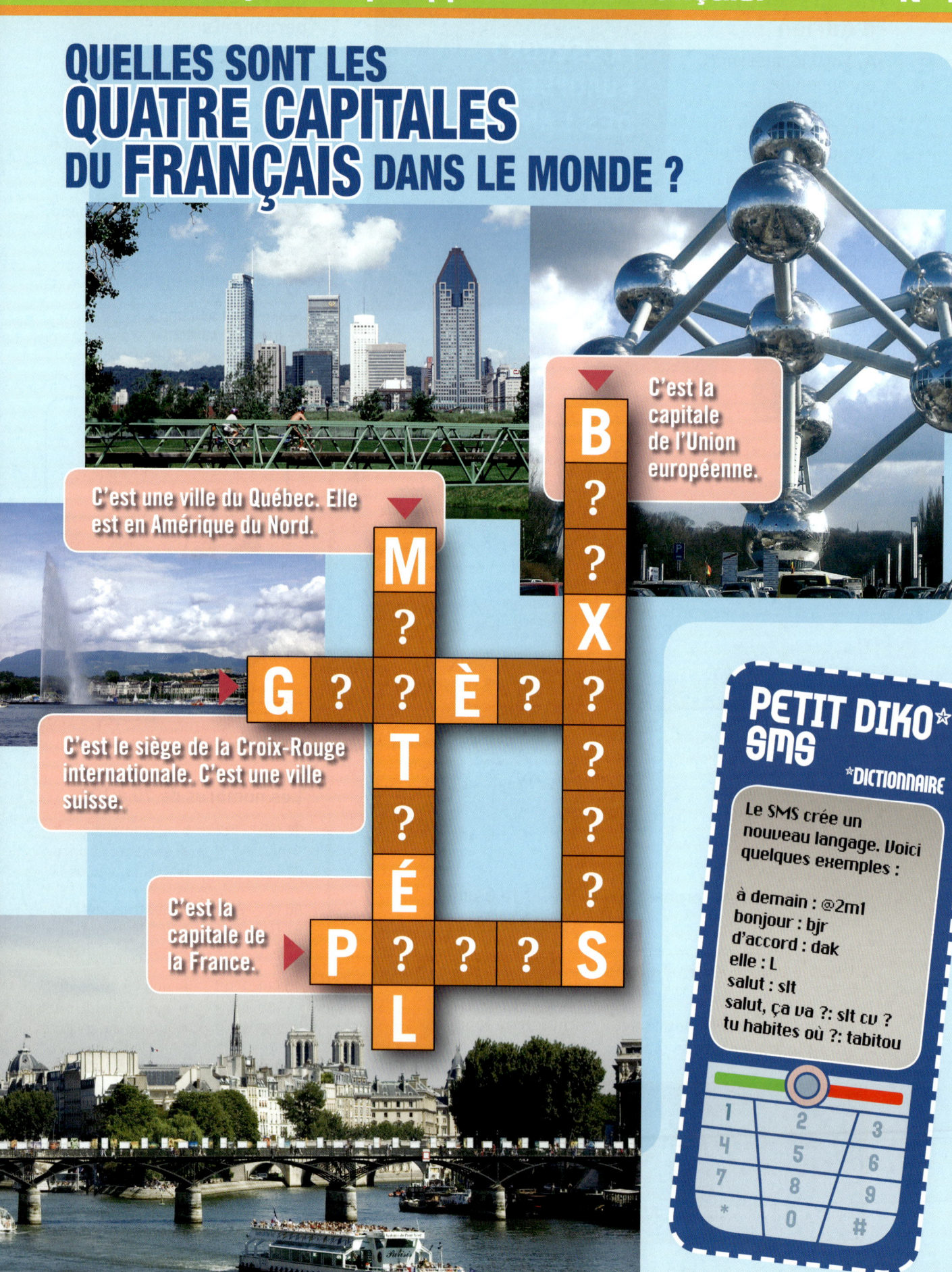

PRÉNOMS À LA MODE

Quartier Libre te présente la liste des prénoms à la mode dans les pays francophones.
Dis-nous quels sont les prénoms les plus populaires dans ton pays !

France
Filles	Garçons
Léa	Lucas
Emma	Mattéo
Inès	Mathis
Jade	Killian

Suisse
Filles	Garçons
Laura	David
Sarah	Simon
Céline	Luca
Mélanie	Marco

Belgique
Filles	Garçons
Emma	Thomas
Laura	Lucas
Marie	Noah
Julie	Nathan

Québec (Canada)
Filles	Garçons
Léa	Samuel
Rosalie	William
Noémie	Alexis
Laurence	Gabriel

Prénoms d'autrefois

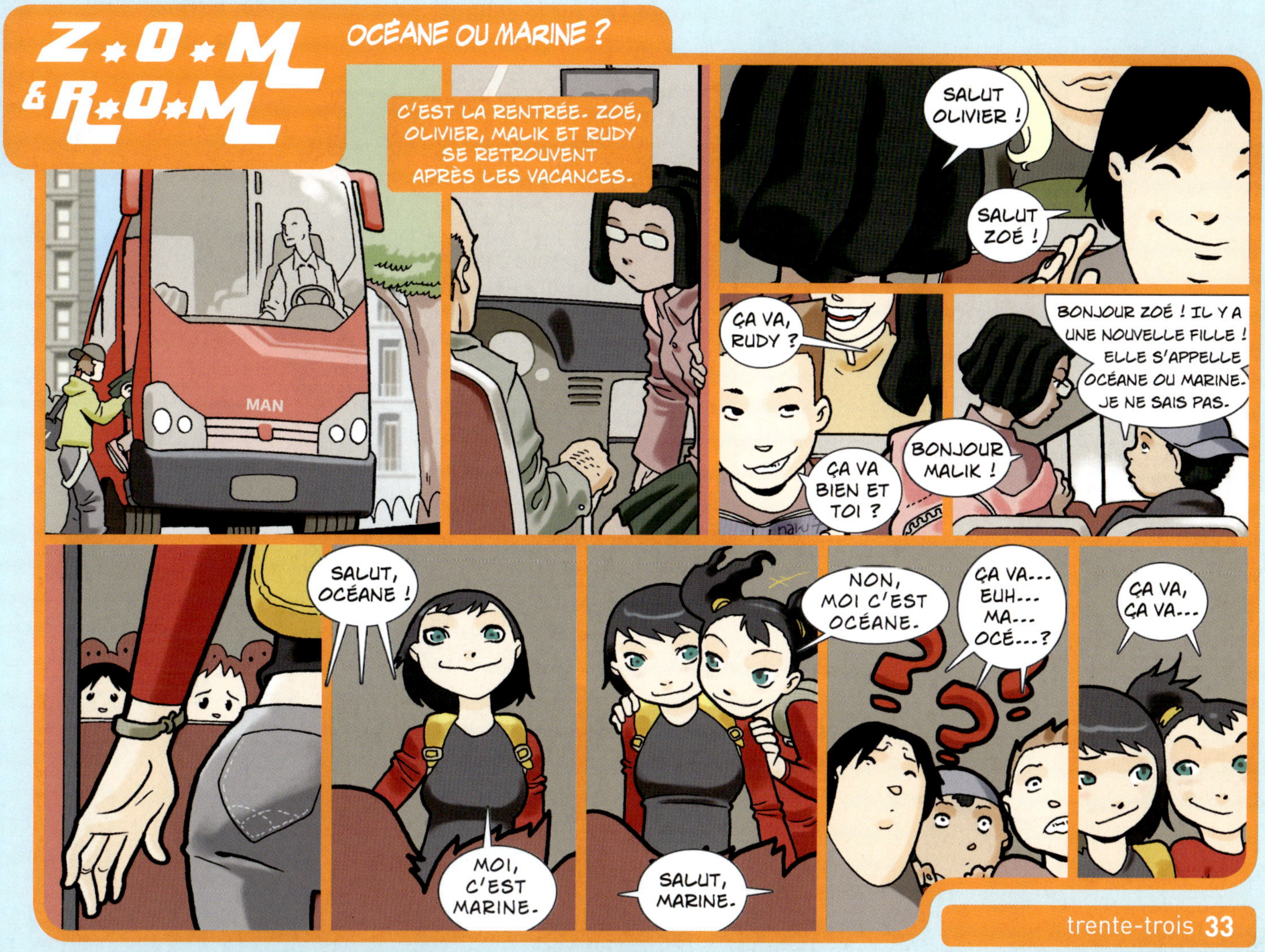

France
Filles	Garçons
Marie-Jeanne	Jean
Marguerite	André
Madeleine	Pierre
Yvonne	Marcel

ZOOM & ROOM — OCÉANE OU MARINE ?

C'est la rentrée. Zoé, Olivier, Malik et Rudy se retrouvent après les vacances.

— SALUT OLIVIER !
— SALUT ZOÉ !
— ÇA VA, RUDY ?
— ÇA VA BIEN ET TOI ?
— BONJOUR MALIK !
— BONJOUR ZOÉ ! IL Y A UNE NOUVELLE FILLE ! ELLE S'APPELLE OCÉANE OU MARINE. JE NE SAIS PAS.
— SALUT, OCÉANE !
— MOI, C'EST MARINE.
— SALUT, MARINE.
— NON, MOI C'EST OCÉANE.
— ÇA VA... EUH... MA... OCÉ...?
— ÇA VA, ÇA VA...

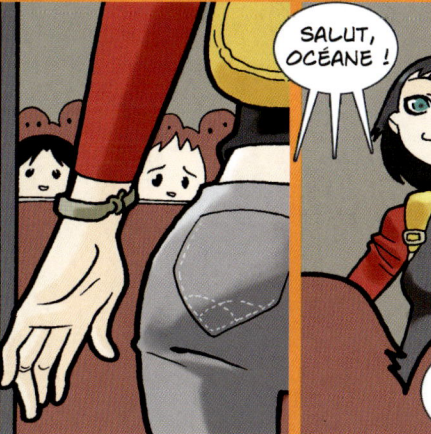

trente-trois 33

NOTRE PORTFOLIO

UNITÉ 1

NOUS ALLONS RÉALISER UN COLLAGE POUR NOUS PRÉSENTER.

1. Pour te représenter, tu peux utiliser un dessin, un collage, des coupures de magazines, etc. Laisse l'espace de la tête vide et dessine un point d'interrogation.

2. Écris, dans des bulles, des phrases avec quatre renseignements sur toi (par exemple, ton téléphone, tes frères et soeurs, tes animaux, les langues que tu parles). Mais ne dis pas ton nom ni ton prénom !

3. Colle ta présentation dans le collage collectif de la classe.

4. Vous devez deviner qui est chaque personnage.

5. Quand un élève est découvert, il va coller sa photo sur le collage.

J'ai un frère.
Mon chien s'appelle Pancho.
Je parle un peu anglais.
Ma langue maternelle est l'espagnol.
J'habite à Malaga.

IL NOUS FAUT :
- ✓ une photo de toi
- ✓ des magazines à découper
- ✓ des feutres, des stylos, des crayons de couleurs
- ✓ des ciseaux
- ✓ de la colle

LE RAP DE LA CLASSE
Piste 16

1. Écoute le rythme de l'enregistrement.

2. Écris une mini-présentation et enregistre-la sur ce rythme.

3. Quand tout le monde aura enregistré son texte, vous aurez le rap de la classe.

Je m'appelle Ingrid
Je n'habite pas à Madrid

Je m'appelle Jean
J'ai douze ans
Je parle allemand

Je suis Barbara
J'ai deux chats
Et voilà !

IL NOUS FAUT :
- ✓ le CD
- ✓ un magnétophone ou un ordinateur pour enregistrer

UNITÉ 2
Mon collège

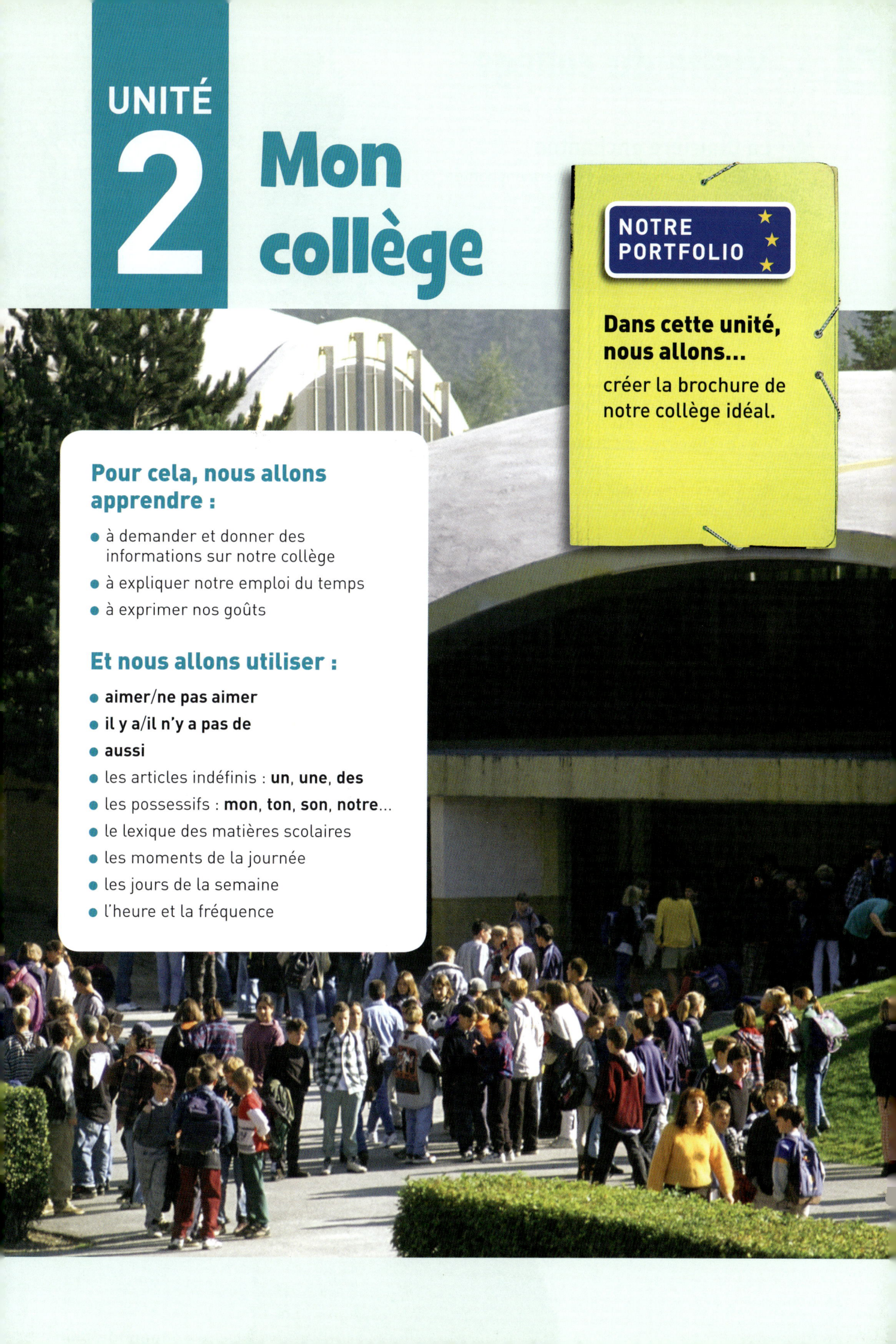

NOTRE PORTFOLIO

Dans cette unité, nous allons...
créer la brochure de notre collège idéal.

Pour cela, nous allons apprendre :

- à demander et donner des informations sur notre collège
- à expliquer notre emploi du temps
- à exprimer nos goûts

Et nous allons utiliser :

- **aimer/ne pas aimer**
- **il y a/il n'y a pas de**
- **aussi**
- les articles indéfinis : **un**, **une**, **des**
- les possessifs : **mon**, **ton**, **son**, **notre**...
- le lexique des matières scolaires
- les moments de la journée
- les jours de la semaine
- l'heure et la fréquence

1. Visite du collège

1 La Clairière enchantée

A. Voici le collège de la Clairière enchantée. Qu'est-ce qu'il y a ? Qu'est-ce qu'il n'y a pas ?

1. Il y a des filles et des garçons ?
2. Il y a une infirmerie ?
3. Il y a un laboratoire ?
4. Il y a une bibliothèque ?
5. Il y a une piscine ?
6. Il y a des ordinateurs ?
7. Il y a un gymnase ?
8. Il y a des professeurs ?
9. Il y a une cour de récréation ?
10. Il y a des livres ?
11. Il y a une cantine ?
12. Les élèves portent des uniformes ?

Il y a une infirmerie.
Il n'y a pas de piscine.
…

B. Formez des groupes de trois. Vous avez cinq minutes pour écrire un maximum de phrases sur votre collège (affirmatives et négatives). Quelle équipe en a le plus ?

Dans notre collège, il y a un gymnase.
Dans notre collège, il n'y a pas de laboratoire.
…

36 trente-six

2 À l'école du cirque

A. Dans ce texte, il y a peut-être quelques mots que tu ne comprends pas. Mais tu comprends l'essentiel à partir… ?

- du titre ;
- des images ;
- des mots que tu connais ;
- des mots d'autres langues ;
- autres.

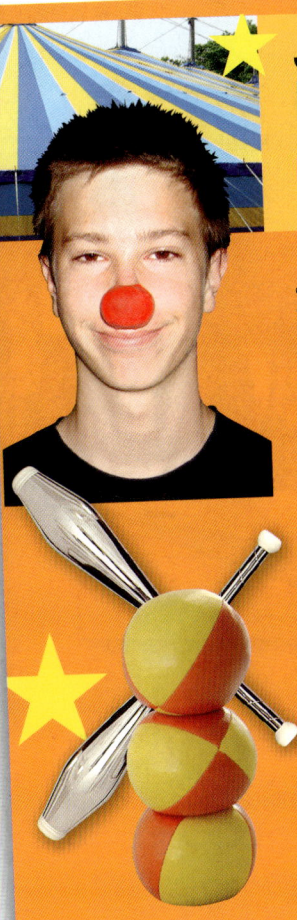

John à l'École Nationale de CIRQUE

John, 13 ans, est canadien. Il habite à Vancouver. Il parle anglais et aussi très bien français. C'est important pour entrer à l'ENC* de Montréal. Il est très content parce qu'en septembre, il commence les cours à l'école de cirque pour être trapéziste ou jongleur : équilibre, acrobatie, danse… Mais à l'ENC, il y a aussi des matières scolaires « classiques » : mathématiques, français, géographie… La semaine est intense, il a cours tous les jours de 8 h 30 à 18 h 30.
L'école est très grande et très moderne aussi, avec toutes les installations nécessaires pour les disciplines d'arts du cirque. Dans le gymnase, il y a des cordes, des trapèzes, des balles… et, bien sûr, des nez de clowns ! La salle de musique est aussi une salle de danse avec beaucoup d'instruments pour faire des acrobaties en rythme.

*École nationale de cirque

B. Relisez le texte. À votre avis, que signifient ces mots dans votre langue ?

acrobatie - balle - équilibre - instrument - intense jongleur - nez - semaine - trapéziste

C. Maintenant, cherchez ces mots dans le dictionnaire. Vos hypothèses étaient-elles justes ?

D. Elle est bien cette école ? Quelle note tu lui donnes ?

Moi, un 17 sur 20.

…

Notes et commentaires :
10/20 : passable
12/20 : assez bien
14/20 : bien
18/20 : très bien

On a besoin de…

Les articles indéfinis

	masculin
singulier	**un** garçon
pluriel	**des** garçons

	féminin
singulier	**une** fille
pluriel	**des** filles

Il y a/il n'y a pas

● **Il y a** un gymnase ?
        une bibliothèque ?
        des ordinateurs ?

○ **Oui, il y a** un gymnase.
          une bibliothèque.
          des ordinateurs.

Non, il n'y a pas de gymnase.
              de bibliothèque.
              d'ordinateurs.

Il n'y a pas de piscine dans mon quartier !

Les possessifs

Je : **mon** stylo/**ma** plume
    mes stylos/**mes** plumes

Tu : **ton** cahier/**ta** gomme
    tes cahiers/**tes** gommes

Il/Elle : **son** sac/**sa** trousse
       ses sacs/**ses** trousses

Nous : **notre** collège/**notre** classe
     nos collèges/**nos** classes

Vous : **votre** collège/**votre** classe
     vos collèges/**vos** classes

Ils/Elles : **leur** collège/**leur** classe
          leurs collèges/**leurs** classes

Devant un nom féminin qui commence par une voyelle, on utilise mon, ton, son :
mon/ton/son amie

trente-sept 37

2. Les matières

3 Ma matière préférée

A. Dans un collège français, les élèves ont plusieurs matières. Associe chaque image à une matière de la liste.

Histoire-géographie
Français
Anglais
Mathématiques
Éducation physique et sportive
Sciences de la vie et de la terre
Arts plastiques
Éducation civique
Musique
Technologie

• Mathématiques, c'est le numéro 4.

B. Quelles matières avez-vous cette année ? Comparez avec les matières de la liste.

Nous aussi, nous faisons des mathématiques. Mais nous ne faisons pas de physique.
…

C. Quelles sont vos matières préférées ? Votez dans la classe et écrivez les résultats au tableau.

• Ma matière préférée, c'est l'histoire.

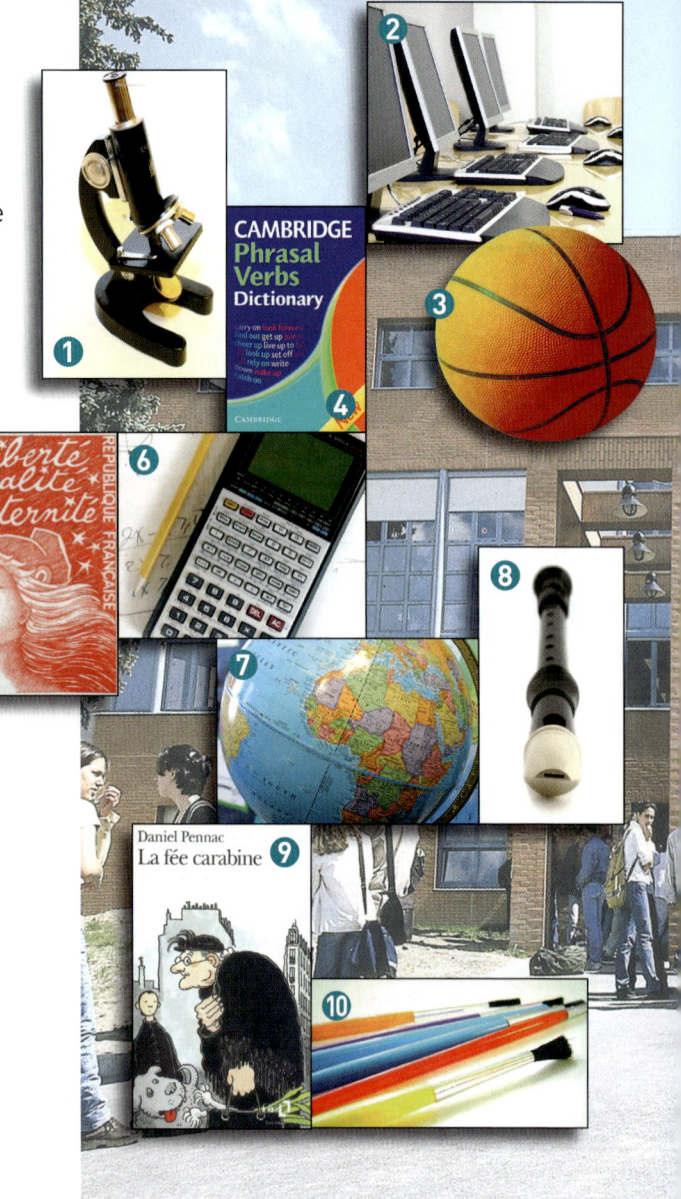

4 La liaison

Des sons et des lettres

A. Observe et écoute. Qu'est-ce que tu remarques ?

Pistes 17-18

les professeurs ⟶ les_élèves
les livres ⟶ les_écoles
nous sommes ⟶ nous_avons
vous parlez ⟶ vous_écoutez

B. Écoute l'enregistrement et marque les liaisons que tu entends.

1. Les adresses
2. Des cahiers
3. Tes copains
4. Vous êtes français ?
5. Mes livres
6. Nous avons des chats.

38 trente-huit

5 J'aime, je n'aime pas

Piste 19

A. Coralie parle des matières et des activités qu'elle aime et qu'elle n'aime pas au collège. Coche les cases correspondantes dans le tableau.

En français, les élèves utilisent souvent des mots plus courts ou des initiales :

Maths .... mathématiques
Interro........... interrogation (contrôle)
EPS .... Éducation physique et sportive
Récré .... récréation
Techno .... technologie
Labo .... laboratoire
CDI .... Centre de documentation et d'information
Histoire-géo .. histoire-géographie
SVT .... Sciences de la vie et de la terre

	Elle aime 🙂	Elle n'aime pas 🙁	Elle n'aime pas du tout 😠
L'emploi du temps			
La cantine			
Le professeur d'histoire			
Les devoirs			
La récré			
Les cours de musique			
Les sorties			
L'EPS			
L'allemand			

B. Et toi, qu'est-ce que tu aimes au collège ? Qu'est-ce que tu n'aimes pas ? Écris au moins trois phrases.

J'aime les sorties.
Je n'aime pas la géographie.
Je n'aime pas du tout les interrogations.
...

On a besoin de...

FAIRE : le présent

Je	fais
Tu	fais
Il/Elle	fait
Nous	faisons
Vous	faites
Ils/Elles	font

– des maths.

- Tu fais **de la** chimie ?
- Non, je **ne** fais **pas de** chimie.

- Et **du** latin ?
- Non, je **ne** fais **pas de** latin.

- Et **de l'**allemand ?
- Non, je **ne** fais **pas d'**allemand.

Aimer/ne pas aimer

🙂 J'aime **la** musique.
🙁 Je n'aime pas **les** interros.

- Tu aimes **la** musique ?
- **Oui/non**.
  Oui, beaucoup.
  Non, pas du tout.

Aussi/non plus

- Je fais du français.
- Moi **aussi**, (je fais du français).

- Je ne fais pas de latin.
- Moi **non plus**, (je ne fais pas de latin).

Tu aimes le latin, toi ?
Moi ? Pas du tout !
Moi non plus.

trente-neuf 39

3. L'heure - L'emploi du temps

6 À quelle heure... ?

A. Si tu es un bon observateur, tu pourras compléter les heures qui manquent.

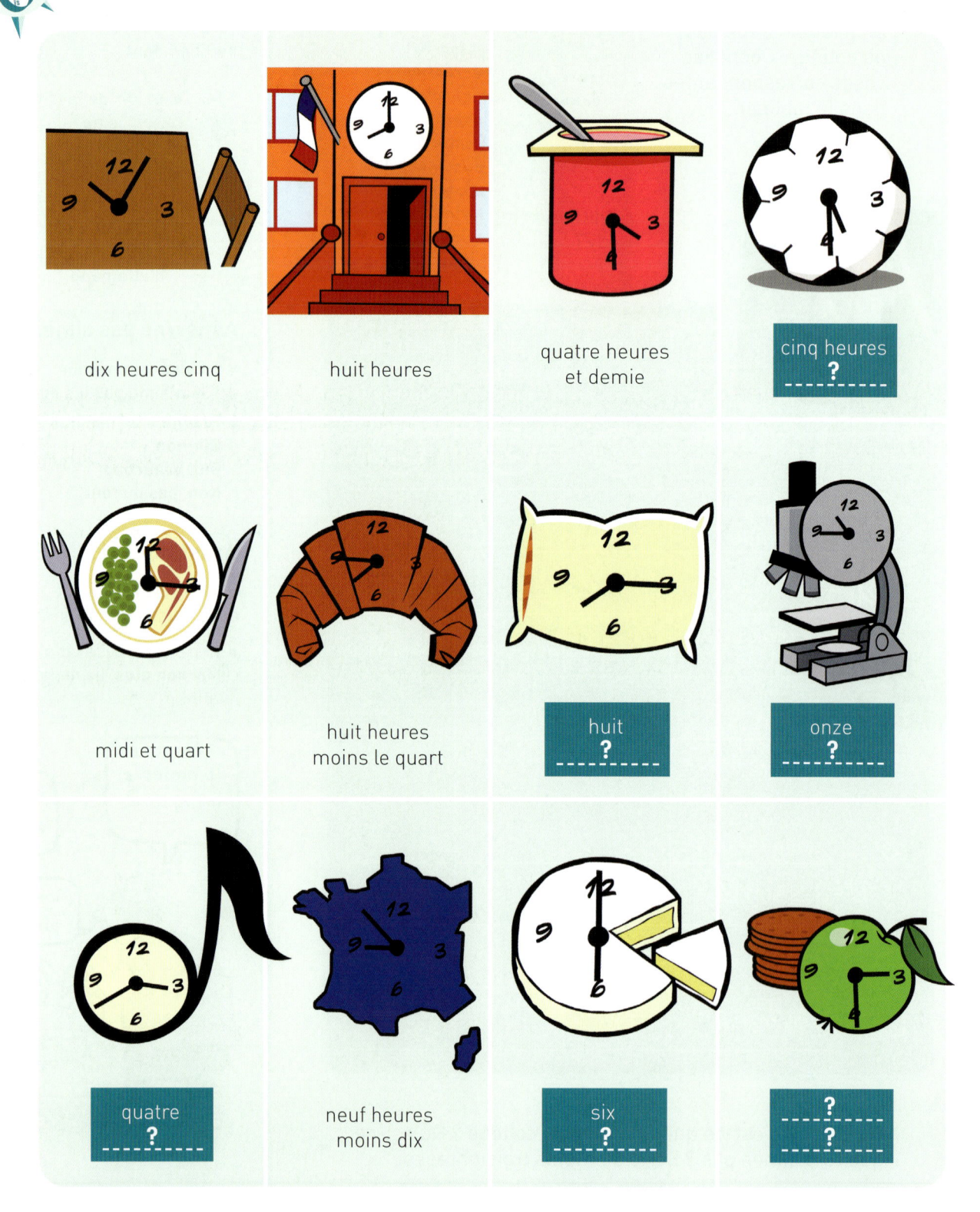

dix heures cinq	huit heures	quatre heures et demie	cinq heures ?
midi et quart	huit heures moins le quart	huit ?	onze ?
quatre ?	neuf heures moins dix	six ?	? ?

B. Écoute la conversation et écris les heures que tu entends.

Piste 20

40 quarante

7 L'emploi du temps de Coralie

Emploi du temps

	lundi	mardi	mercredi	jeudi	vendredi
8 h – 9 h	?	histoire-géo		maths	?
9 h – 10 h	?	?	?	français	
Récréation					
10 h – 11 h	EPS	français	?	?	anglais
11 h – 12 h		CDI			éducation civique
Déjeuner					
13 h 30 – 14 h 30	maths	anglais		anglais	histoire-géo
14 h 30 – 15 h 30	musique	CDI		?	CDI
Récréation					
15 h 30 – 16 h 30	?	?		CDI	maths

A. Coralie vient de commencer les cours au collège. Recopie la grille dans ton cahier et complète-la avec ces informations :

1. Coralie commence la semaine avec anglais.
2. Elle fait deux heures de SVT par semaine.
3. Elle a histoire-géo le jeudi après-midi et le vendredi après-midi.
4. Elle a deux heures de techno le jeudi.
5. Elle fait du sport le lundi et le vendredi.
6. Le cours d'arts plastiques est l'après-midi.
7. Elle a maths quatre fois par semaine mais pas le mercredi.
8. Elle a français le lundi et le mercredi matin.
9. Elle fait ses devoirs au CDI, le lundi et le jeudi de 15 h 30 à 16 h 30, le mardi et le vendredi de 14 h 30 à 15 h 30.

B. Comparez vos grilles, puis comparez l'emploi du temps de la classe de Coralie et celui de votre classe. Trouvez trois similitudes et trois différences.

• *Coralie a quatre heures d'anglais par semaine et nous avons trois heures.*
  …

On a besoin de...

L'heure

• **Quelle heure est-il ?**
o **Il est** neuf heures.
• **À quelle heure** tu déjeunes ?
o **À** midi et demi.

11 h 00 : **il est** onze **heures**.
11 h 15 : **il est** onze **heures et quart**.
11 h 30 : **il est** onze **heures et demie**.
11 h 45 : **il est** midi **moins le quart**.

Vous avez l'heure, s'il vous plaît ?

Les moments de la journée

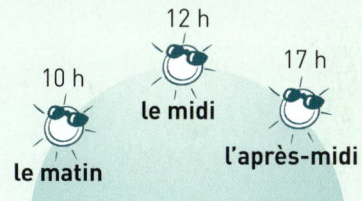

12 h
10 h le midi 17 h
le matin l'après-midi
le soir
22 h
24 h /00 h
la nuit

10 h : dix heures **du matin**
12 h : **midi**
17 h : cinq heures **de l'après-midi**
22 h : dix heures **du soir**
24 h/00 h : **minuit**

La fréquence

• **Combien de fois par** semaine tu as français ?
o **Quatre fois par semaine.**
  Tous les jours.

quarante et un **41**

Quartier Libre

La revue des jeunes qui apprennent le français.

N° 2

Les leçons
Piste 21

(Poème de Maurice Carême, 1899-1978, poète belge)

Le cours d'arithmétique
Plonge dans la panique
Robert et Dominique.

Les règles de grammaire
Donnent le mal de mer
À Jeanne, Paul et Pierre.

Le manuel d'histoire
Étonne, à n'y pas croire,
Marguerite et Grégoire.

Et la géographie
Emplit de nostalgie
Alexandre et Sylvie.
[...]

Une région à l'heure !

Les montres et horloges sont une spécialité suisse, c'est vrai, mais aussi française ! Entre Besançon (France) et Neuchâtel (Suisse), il y a une région où on les fabrique depuis le XVIIIe siècle : la Franche-Comté.
Tu aimerais découvrir l'univers de ces bijoux ? Savoir comment on les fabrique et connaître les secrets de leur fabrication ? Alors les musées de Morteau et de Villers-le-Lac t'attendent !

Elle est bonne !

Proposez vos blagues !

La maîtresse :
« Dis-moi Toto, qu'est-ce que tu n'aimes pas dans la vie ? »
Toto :
« Les questions ! Madame, les questions ! »

42 quarante-deux

Ici et là-bas

Matéo BOVÉ
6ᵉ C
20 octobre

Contrôle de français

14/20   Bien !

Résume l'histoire d'un livre que tu aimes. Écris tes impressions.

J'aime beaucoup le dernier « Harry Potter ». Cette fois, l'histoire …

Les notes dans les autres pays :

🇩🇪 En Allemagne, on note de 1 à 6 (1 est la meilleure note).

🇫🇷🇵🇹🇬🇷 En France, au Portugal et en Grèce, on note de 0 à 20 (la meilleure note est 20).

🇬🇧 En Angleterre, on note souvent de 1 à 7 (7 est le maximum).

🇵🇱 En Pologne, les notes vont de 1 à 6 (6 est la meilleure note).

🇪🇸🇳🇱 En Espagne et aux Pays-Bas, pour les examens ou les exercices, on utilise des notes de 0 à 10 (10 est la meilleure note).

🇮🇹 En Italie, on note de 1 à 10 (le maximum est 10).

Z*O*M & R*O*M — TROP COOL LES MATHS !

— CETTE ANNÉE, MA MATIÈRE PRÉFÉRÉE, C'EST LES MATHS. EN PLUS, LE PROF, IL EST TROP COOL !

— OUAIS, C'EST VRAI, C'EST SUPER LES MATHS !

— C'EST NOUVEAU ÇA ! TU AIMES LES MATHS MAINTENANT ? T'ES NUL EN MATHS…

— OUI, C'EST VRAI. EN PLUS, ON A INTERRO DEMAIN !

— SOIXANTE-DIX-HUIT VIRGULE DOUZE DIVISÉ PAR TROIS VIRGULE QUATORZE ÉGALE… C'EST DIFFICILE !

— JE NE COMPRENDS RIEN !

— ALORS, LE CONTRÔLE, ÇA VA ?

— OUAIS, BOF. ET TOI ?

— PAS MAL.

— PAS MAL.

5/20

— TU AS EU COMBIEN ?

— ALLEZ, C'EST PAS GRAVE ! ON ÉTUDIE ENSEMBLE POUR LE PROCHAIN CONTRÔLE ?

quarante-trois 43

NOTRE PORTFOLIO

UNITÉ 2

COLLEGE EUROPE   C★E

NOUS AVONS

- 4 salles d'informatique
- 1 salle polyvalente (théâtre, cinéma, assemblées)
- 1 studio d'enregistrement de musique
- 1 salle de musique
- 1 centre de documentation multimédia
- 1 salle de gymnastique avec piscine climatisée
- 3 terrains de sport : football, basket et volley-ball

NOUS OFFRONS

- Quatre langues étrangères
- Histoire et géographie en espagnol
- Échanges européens
- Participation à des projets humanitaires
- Stages au Québec

Et des clubs de :
- Capoeira
- Cinéma
- Aïkido
- Environnement
- Jardinage
- Dj

NOTRE COLLÈGE IDÉAL

Nous allons réaliser la brochure publicitaire de notre collège idéal.

1 Imaginez le collège ! Par groupes de quatre, choisissez par exemple :
- le nom du collège ;
- les matières enseignées ;
- les langues étudiées ;
- les clubs ;
- l'emploi du temps ;
- le nombre d'élèves par classe ;
- le système de notes et de devoirs.

2 Inventez un logo et dessinez le plan.

3 Faites la brochure : écrivez le texte sur une grande feuille et ajoutez des photos ou des dessins. Mais n'y mettez pas votre nom. Puis, donnez votre travail à votre professeur. Il l'affichera sur le mur de la classe.

4 Maintenant, vous êtes journalistes ! Préparez cinq questions et posez-les à un autre groupe d'élèves pour savoir comment est leur collège idéal. Enregistrez les interviews. Réécoutez les enregistrements : avec ces informations et les différentes brochures, devinez quel est le collège de vos camarades.

IL NOUS FAUT :

- ✓ un ordinateur (si possible)
- ✓ des feutres
- ✓ une feuille grand format
- ✓ une règle et du papier quadrillé (plan du collège)
- ✓ des magnétophones pour enregistrer

UNITÉ 3
Moi, je suis comme ça

NOTRE PORTFOLIO

Dans cette unité, nous allons...
élaborer un texte de présentation pour chercher de nouveaux amis et réaliser une interview.

Pour cela, nous allons apprendre :
- à décrire notre physique et notre personnalité
- à parler de nos activités habituelles et à exprimer nos goûts

Et nous allons utiliser :
- l'adjectif : masculin/féminin, singulier/pluriel
- les adverbes d'intensité : **un peu, assez, très, trop**
- **APPRENDRE, PARTIR** et **ALLER** : le présent
- J'adore, je déteste
- qu'est-ce que... ?, est-ce que... ?
- pourquoi ? parce que...
- les vêtements
- les couleurs

3   1. Le physique

1 Casting télé

A. Une chaîne de télévision cherche un jeune acteur et une jeune actrice pour la nouvelle série « Entre potes ». Observe les fiches de présentation de six des candidats. À deux, décrivez Laure et Marc.

Sarah 
- 14 ans
- brune
- yeux marron
- grande

Mathilde 
- 13 ans
- cheveux, raides, longs et blonds
- yeux verts
- petite

Série télé "Entre potes" recherche jeunes acteur et actrice.

Profils recherchés :
★ un garçon de 14 ans, mince, cheveux longs, brun.
★ une fille de 14 ans, brune, cheveux longs, yeux noirs, grande.

Julien
- 15 ans
- cheveux longs
- lunettes
- petit

Joël
- 14 ans
- cheveux frisés et roux
- yeux marron
- grand

Laure
?

Marc
?

B. Lisez bien la petite annonce. Quels sont les deux meilleurs candidats pour cette série ?

C. Dans ta classe, il y a des élèves qui peuvent se présenter au casting de cette série ? Qui ? Pourquoi ?

● Vincent.
○ Pourquoi ?
● Parce qu'il...

46 quarante-six

2 Mon style

A. Les quatre jeunes de l'illustration expliquent les vêtements qu'ils aiment. Écoute l'enregistrement et dis dans quel ordre ils parlent.

Piste 22

> J'adore les jupes, les t-shirts noirs, les chaussures et les sacs noirs.

Ingrid

> Je déteste les casquettes de hip-hop ! J'aime les pulls Quickgold !

> J'aime beaucoup les baskets et les jeans.

Henri

Nabil

> J'aime les boucles d'oreilles. Je n'aime pas du tout les blousons !!!

Judith

B. À deux, observez le style de ces quatre jeunes. Regardez les vêtements dans l'armoire et trouvez à qui ils appartiennent.

- • À qui est le sac ?
- ○ À Judith.
- • Pourquoi ?
- ○ Parce qu'il a des fleurs.

C. Écris quels vêtements porte chacun.

D. Jeu de mémoire. En rang, face à face, observe ton partenaire pendant une minute. Tourne-toi et explique comment il est habillé.

• David porte un pantalon gris et un pull.

E. Et toi, qu'est-ce que tu aimes porter ?

On a besoin de...

Les couleurs

	singulier	pluriel
masculin	■ vert ■ noir ■ bleu	■ vert**s** ■ noir**s** ■ bleu**s**
féminin	■ vert**e** ■ noir**e** ■ bleu**e**	■ vert**es** ■ noir**es** ■ bleu**es**
masculin = féminin	■ jaune ■ rose ■ beige	■ jaune**s** ■ rose**s** ■ beige**s**
invariable	■ orange ■ marron	

blanc, blan**che**, blan**cs**, blan**ches**
gris, gris**e**, gris, gris**es**

La description

Comment il **est** ?
Il **est** blond et petit.

Comment **elle s'habille** ?
Elle aime porter des jupes noires.

De quelle couleur sont ses yeux ?
Ils sont bleus.

💡 un œil - des yeux

Il **porte** des lunettes.
Elle **porte** un pantalon blanc.

> J'adore les cheveux rouges !

> Moi, je déteste.

À qui...?

- • **À qui** sont les lunettes ?
- ○ **À** Sandra.
- • **À qui** est le blouson ?
- ○ **À** Luc. C'est le blouson **de** Luc.

2. Mon temps libre

3 Mais où est Yasmina ?

A. Yasmina est perdue. Écoute l'avis de recherche et complète le tableau avec les informations que tu comprends.

Piste 23

NOM ET PRÉNOM	SEXE	ÂGE	YEUX	CHEVEUX	ACCESSOIRES ET VÊTEMENTS
...	...	...	...	...	...

B. Où est Yasmina ? Elle porte quel numéro sur son t-shirt ?

C. À deux, inventez l'avis de recherche d'un autre personnage du dessin. Lisez-le et demandez à la classe de trouver votre personnage perdu.

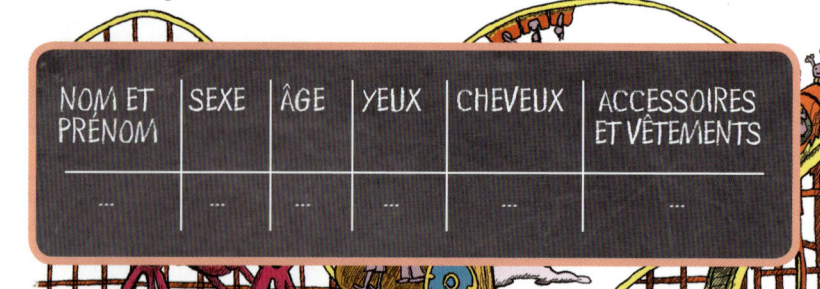

4 Et toi, qu'est-ce que tu fais ?

A. Associe chaque dessin à une activité de la liste suivante :

faire du snowboard
faire du théâtre
naviguer sur Internet
regarder la télé
dessiner
faire du shopping
jouer du piano
jouer au foot
lire
jouer à des jeux vidéo
aller à la piscine
faire du skate

48 quarante-huit

B. Regarde de nouveau la liste d'activités et écris trois activités que tu aimes et trois que tu détestes.

J'aime faire du théâtre. J'aime aussi…

C. Demande à ton voisin quelles sont ses activités préférées.

● *Et toi, qu'est-ce que tu aimes faire pendant ton temps libre ?*
○ *Moi, j'aime jouer du piano.*

5 Tu es comme Mathieu ou comme Cécile ?

Regarde les activités préférées de Mathieu et de Cécile. Compare avec tes goûts et tes habitudes, puis écris cinq phrases comme dans le modèle.

Moi aussi, je vais à la piscine une fois par semaine.
Moi non plus, je ne fais jamais de shopping.
…

MATHIEU

- Je ne fais jamais de shopping.
- J'aime beaucoup lire des livres et des BD.
- Je fais du skate avec mes amis une fois par semaine.
- Je fais mes devoirs avec mon frère tous les jours.
- Je regarde la télé une heure par jour.

CÉCILE

- Je navigue souvent sur Internet.
- Je fais un tour avec mes amis tous les jours.
- Je fais de la danse modern jazz.
- Je vais à la piscine une fois par semaine.

On a besoin de…

Qu'est-ce que/est-ce que…?

● **Qu'est-ce que** tu fais le jeudi ?
○ Je fais du karaté.

● **Est-ce que** tu aimes le foot ?
○ Oui, j'adore/non.

« Qu'est-ce que » est facile à prononcer : [kɛskə]

Jouer/faire/aller

Je joue à la balle.
            au foot.
            aux échecs.
Je joue de la flûte.
            du piano.
Je fais de la natation.
            du snowboard.
Je vais à la piscine.

Les pronoms toniques

Moi, j'aime la danse classique, **et toi** ?
Toi, tu fais du surf ?
Lui, il joue du piano et **elle**, elle joue de la flûte.
Nous, nous apprenons le français.
Vous, vous parlez allemand ?
Eux, ils écoutent de la musique et **elles**, elles regardent beaucoup la télé.

Moi, j'aime voler. Lui, non.

La fréquence

Je fais du sport **tous les jours**.
Je joue **souvent** au foot.
Je nage **une fois par semaine**.
Je fais du judo **le lundi**.
Je ne joue **jamais** au Monopoly.

quarante-neuf **49**

3. La famille, les amis

6 La personnalité, c'est important !

A. Écoute cette émission de radio (deux fois si nécessaire) et réponds aux questions suivantes :

- Comment s'appelle l'émission ?
- Elle passe tous les jours, une fois par semaine, le week-end ?
- Qui sont les deux candidats ? D'où sont-ils ?
- Il y a combien de questions ?
- Qui est le gagnant ?
- Dans ton pays, il y a un jeu similaire à la télé ou à la radio ?

B. Réécoute cette émission et associe les adjectifs de personnalité à chaque personne. À deux, comparez vos réponses.

Marie ne dit pas ce qu'elle pense. Elle...		désordonné/désordonnée
Thomas est une personne agréable. Il...		amusant/amusante
Sandra fait du tennis et du karaté. Elle...		timide
Pierre donne beaucoup. Il...		optimiste
Emma ne dit pas la vérité. Elle...	**EST**	sympathique
Luc fait rire. Il...		paresseux/paresseuse
Sandrine n'aime pas travailler. Elle...		généreux/généreuse
Augustin est très positif. Il...		sportif/sportive
Julie ne parle pas beaucoup. Elle...		menteur/menteuse
Christian n'aime pas l'ordre. Il...		hypocrite

7 Et toi, tu es comment ?

A. Écris ta description. Si tu as besoin d'autres adjectifs, cherche dans le dictionnaire.

Moi, je suis assez sportif. Je ne suis pas timide...

B. Et les autres, ils sont comment ? À l'aide du dictionnaire, choisis deux ou trois adjectifs pour décrire la personnalité de :

- ton meilleur ami/ta meilleure amie.
- une personne de ta famille.
- un personnage célèbre.

• *Ma sœur est très sympa. Elle est assez désordonnée et...*

TU ES MENTEUR ?

un peu

assez

très

50 cinquante

8 Qui est comme moi ?

A. Complète la colonne « MOI » avec tes réponses.

	PATRICK	MOI	QUI ?
NOMBRE DE SŒURS	0		
NOMBRE DE FRÈRES	2		
J'AIME...	les films de science-fiction		
J'ADORE...	dessiner		
JE DÉTESTE...	le foot		
JE JOUE À /AU/AUX	aux échecs		
JE JOUE DU/DE LA	de la trompette		
J'AIME PORTER	des jeans et des t-shirts		
MA COULEUR PRÉFÉRÉE	le vert		
JE SUIS...	généreux		
LE DIMANCHE, JE VAIS...	au cinéma		

B. Circule dans la classe et pose des questions à tes camarades. Écris leur prénom s'ils ont les mêmes réponses que toi.

• Tu as des frères et sœurs ?
○ Oui, un frère et une sœur.
...

C. Qui a le plus de points communs avec toi ?

• Max et moi, nous avons deux frères et nous jouons de la guitare.

9 Les sons [v] et [f]

Pistes 25-26

A. Regarde comment sont écrits ces mots et écoute la différence.

vert   France   violet
fenêtre   aventure   affiche
voiture   fromage

B. Qu'est-ce que vous entendez ?

1- vert / faire
2- voir / foire
3- vous / fou
4- vingt / fin

On a besoin de...

Le masculin et le féminin de quelques adjectifs

masculin	féminin	Formation
grand ordonné	grande ordonnée	consonne/é + e
timide		e
sérieux	sérieuse	eux/euse
sportif	sportive	if/ive
menteur	menteuse	eur/euse

ALLER : le présent

Je   vais
Tu   vas
Il/Elle   va
Nous   allons
Vous   allez
Ils/Elles vont

On y va ?
On y va !!!

Adverbes d'intensité

Elle est **un peu** timide.
Il est **assez** sportif.
Elle est **très** paresseuse.
Il est **trop** désordonné.

Des **sons** et des **lettres**

cinquante et un **51**

Quartier Libre

La revue des jeunes qui apprennent le français.

N° 3

PERSONNALITÉS
Qui fait quoi ?

1. C'est un des meilleurs joueurs français de football.

2. C'est une des meilleures joueuses du tennis féminin français.

3. C'est l'Obélix du cinéma français.

4. Elle chante la chanson du film « Titanic ».

1. Amélie Mauresmo 2. Céline Dion 3. Thierry Henry 4. Gérard Depardieu

Parc Astérix

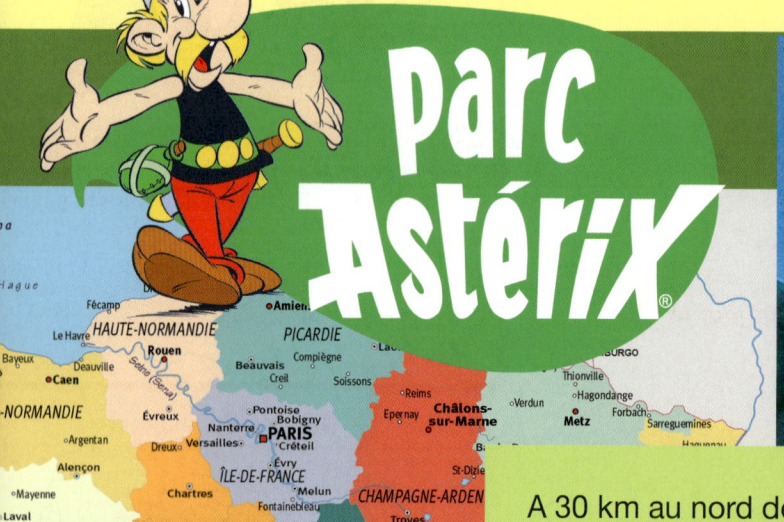

A 30 km au nord de Paris, vous trouvez le Parc Astérix, inspiré de la célèbre BD Astérix et Obélix de Goscinny et Uderzo. Il y a un village gaulois avec tous ses habitants amusants et sympas et des attractions comme **Le Tonnerre de Zeus** ou **Le Menhir express**. Gaulois, Romains et Vikings sont là pour te faire vivre des aventures pleines de courage, d'humour et de magie avec toute la famille !

Et toi, tu aimes visiter les parcs thématiques ?

Virelangue

La girafe **verte** et le phoque **violet** font des photos du feu.

Z*O*M & R*O*M — UN NOUVEAU LOOK

OUAOUF ! IL EST SUPER BEAU CE TYPE. EN PLUS, IL CHANTE VACHEMENT BIEN !

JOHNNY WILD

DIS-DONC, ON DIRAIT QUE TU L'AIMES BIEN.

JE SAIS CE QUE JE DOIS FAIRE POUR QUE ZOÉ M'AIME BIEN.

TU REGARDES ENCORE LE GARÇON DE TES RÊVES ?

TIENS TIENS... INTÉRESSANT TOUT ÇA.

J'ADORE SES CHEVEUX FRISÉS, LA BOUCLE D'OREILLE ET SON BLOUSON. SON STYLE ROCKER, QUOI !

CLASH!

TANT PIS ! AU REVOIR À MES NOUVELLES BASKETS ! SNIF

ALORS OLIVIER, TU AIMES CE NOUVEAU LOOK ?

OUAIS, EUH... JE SAIS PAS....

ALLEZ COURAGE !

OLIVIER ? C'EST TOI ? QU'EST-CE QUE T'AS FAIT ?

OH LA LA ! LE LOOK D'ENFER !

ET BEN MON PAUVRE, TON COIFFEUR N'EST PAS INSPIRÉ EN CE MOMENT !

SI ON REGARDE BIEN, TU AS UN PETIT AIR DE JOHNNY WILD ! MAIS EN REGARDANT TRÈS TRÈS BIEN ! ALLEZ, VIENS AVEC NOUS !

cinquante-trois 53

NOTRE PORTFOLIO

UNITÉ 3

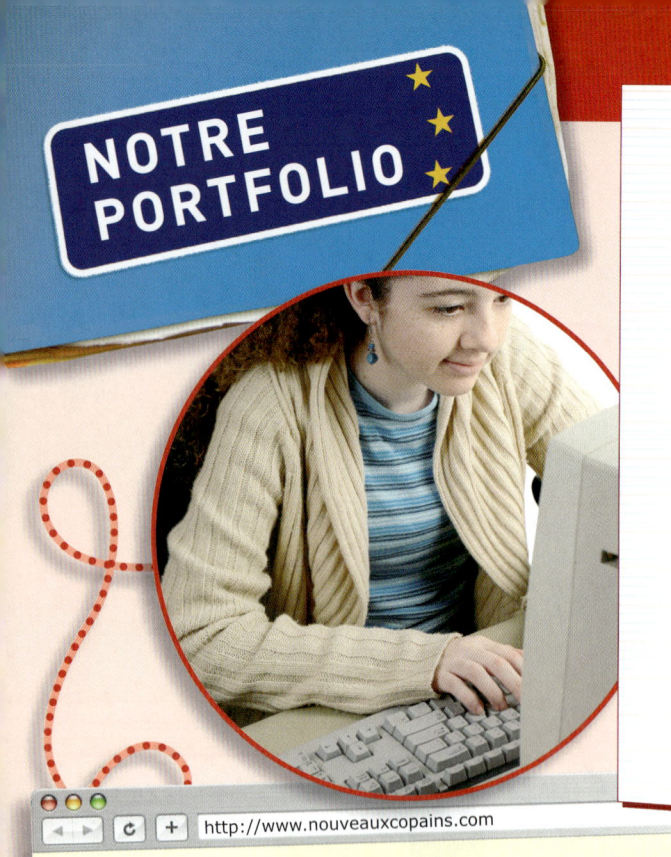

VIVE LES NOUVEAUX AMIS !

1 À deux, écrivez un texte qui parle de vous (comme dans les trois exemples proposés). Expliquez comment vous êtes en utilisant ce que vous avez appris dans cette unité : votre physique, votre personnalité, vos goûts, les activités que vous faites pendant votre temps libre. Parlez de votre famille et de vos amis…

2 Puis, avec le professeur, vous allez envoyer ces informations par lettre, courriel ou les insérer dans un blog pour faire la connaissance de jeunes francophones.

3 Vous pouvez ajouter des dessins ou des cartes postales sympas.

---

http://www.nouveauxcopains.com

Salut, je m'appelle Samuel.
J'habite à Nice et j'ai 12 ans. Je suis brun, j'ai les yeux marron et je ne suis pas grand. J'adore faire du surf et jouer au jeu « Guerriers ». Tu connais ? J'aime aussi dessiner. Voilà un dessin de mon soldat préféré. Au collège, j'aime les matières scientifiques : maths, physique, technologie… J'adore aussi Internet. Je cherche des amis suuuuper sympas pour connaître des choses de tous les pays du monde. Mon adresse, c'est : samsurfer@jazzy.fr

Bonjour, je m'appelle Katy.
J'ai 12 ans, je suis suisse. J'habite à Zurich. Je suis blonde et j'ai les yeux verts. J'ai une sœur de 10 ans, Claudia. Je suis un peu timide et très sportive. J'aime beaucoup les chats. Je fais de la natation trois fois par semaine. J'aime aussi écouter de la musique à la radio (Shakira) et lire les magazines pour jeunes. Écrivez-moi à katy@net.ch

Salut, moi, c'est Yannick.
Je suis français. J'ai un frère de 15 ans et une sœur de 9 ans. Moi, j'ai 13 ans. Je joue du violon. J'adore les cours de SVT et les reportages à la télévision sur la nature. Mes amis disent que je suis un clown et ma mère dit que je suis très désordonné. En musique, j'adore Black Eyed Peas et Robbie Williams. J'aime naviguer sur Internet et chatter. Contactez-moi : yannickpanik@blogger.com

QUI EST-CE ?

1 À deux, imaginez une interview à la télévision entre un journaliste et un personnage célèbre qui parle de son caractère, de ses goûts, de son style, etc.

2 Préparez l'interview.

3 Représentez-la devant la classe. Vos camarades doivent deviner qui est le personnage interviewé.

54 cinquante-quatre

Maintenant tu sais...

BILAN
Unités 1, 2 et 3

1 Tu sais déjà faire beaucoup de choses !

Nous allons nous rappeler ce que nous avons appris dans les unités 1, 2 et 3. Par groupes de trois, complétez les affiches ci-dessous avec d'autres phrases. Pour ce faire, vous pouvez utiliser de grandes feuilles pour ensuite les coller sur le mur de la classe.

Dire bonjour et au revoir
Bonjour madame !
Salut !

Donner et demander l'heure
- Quelle heure est-il ?
- Trois heures cinq.

Donner et demander un téléphone ou une adresse électronique
Mon numéro de téléphone est le 02 17 22 85 45.
Tu as une adresse électronique ?

Décrire une personne et parler de son caractère
Il est grand et brun.
Laurence porte un jean bleu.
Mon prof de sport est patient.

Connaître les couleurs
Le drapeau français est bleu, blanc et rouge.
Les couleurs de l'automne sont le marron et le jaune.

Parler de moi et des autres
Je m'appelle Coralie. Je suis française.
Mon frère a 12 ans.
J'habite à Lyon.

Parler du collège et de mon emploi du temps
Il y a des ordinateurs.
Je n'aime pas la géographie.
J'ai EPS le lundi.
Je déjeune à la cantine à midi et quart.

Compter de 1 à 100
- Tu as combien de matières ?
- Dix.

Exprimer des goûts
J'adore jouer de la flûte.
Ils détestent jouer au tennis.

cinquante-cinq 55

En route vers le DELF !

2 Compréhension orale

Écoute ces dialogues et réponds aux questions.

Dialogue 1. Où se passe la scène ?

au collège   Dans la rue   à la maison

Dialogue 2. Complète les numéros de téléphone de Sarah.

Maison : 04 ▭ 32 ▭ ▭
Portable : ▭ 24 ▭ 18 ▭

Dialogue 3. Comment s'appellent les animaux ?

- Le chien, Dodi et le poisson, Rasta.
- Le poisson, Dodi et le chat, Rasta.
- Le poisson, Dodi et le chien, Rasta.

3 Compréhension écrite

Voici la semaine d'Alexis. Complète les phrases ou réponds aux questions.

	Lundi	Mardi	Mercredi	Jeudi	Vendredi	Samedi
8 h	EPS	technologie		éducation civique	maths	
9 h		anglais		maths	musique	
Récréation						
10 h 30	français	arts plastiques		EPS	technologie	10 h 00 devoirs
11 h 30		maths			histoire-géo	
Déjeuner 12 h 30 - 14 h						11 h 30 foot
14 h	histoire-géo	français		SVT	CDI	
15 h	anglais				français	
Récréation						
16 h 30	maths	histoire-géo		anglais		

1. L'après-midi, les cours terminent à ▭.
2. À quelle heure déjeune Alexis ?
3. Il a ses livres de français et d'anglais dans son sac deux jours par semaine : le ▭ et le ▭.
4. Il a français combien de fois par semaine ?
5. Quelle matière il a tous les jours ?
6. Quel sport pratique Alexis ? Quel jour ?

BILAN
Unités 1, 2 et 3

4 Expression orale

Ton professeur va te poser des questions sur ton identité, ton âge, tes frères et sœurs, ton animal domestique, tes matières préférées, ton emploi du temps, etc. Tu as 8 minutes pour préparer ton entretien.

5 Expression écrite

A. À partir des informations proposées, choisis un des six personnages de la BD « Z.O.M et R.O.M » et présente-le en quatre ou cinq phrases.

Marine / Océane — Graffiti
- Marine : les maths (♡♡), le sport (✗), la cantine (✗✗)
- 12 ans
- Océane : L'anglais (♡♡), Le français (♡), Les chiens (✗✗)

Zoé — Eliott (Son petit frère, 6 ans)
- 12 ans et demi
- Les arts plastiques (♡♡)
- La danse (samedi matin à 10 h 00)
- La mode (♡♡)
- L'EPS (✗✗)

Malik — Nabil (15 ans, son grand frère)
- 12 ans
- Le hip-hop (♡♡)
- Le français (♡♡)
- Les SVT (✗✗)

Rudy / Léa / Juliette — Pacha (Sa petite sœur, 8 ans ; Sa grande sœur, 15 ans)
- 13 ans
- Le football (mercredi après-midi + samedi matin)
- Les maths (✗✗✗)
- La géographie (♡♡)

Olivier — Mathusalem
- 13 ans
- Le rugby (samedi matin)
- Les jeux de rôles et de stratégie (♡♡)
- L'histoire (♡♡)

B. Rédige le portrait d'un membre de ta famille. Décris son physique et son caractère. Explique ses goûts, ses activités, etc. (50-60 mots)

cinquante-sept 57

Test

BILAN
Unités 1, 2 et 3

6 Complète les phrases avec une des trois propositions. Ensuite compare tes réponses à celles de ton voisin.

1 • Je .... Paul, et toi ?
○ Rémi.
- a est
- b m'appelle
- c ai

2 • .... s'écrit ton prénom ?
○ Avec deux L.
- a Comment
- b Quel
- c Où

3 • Je .... espagnol, et toi ?
○ Moi, belge.
- a ai
- b es
- c suis

4 • Tu .... quel âge ?
○ Douze ans et demi.
- a es
- b as
- c fais

5 Ton amie Carla est ...., non ?
- a italienne
- b espagnol
- c polonais

6 Nous .... le français au collège.
- a étudions
- b étudient
- c étudiez

7 Qu'est-ce que tu fais après les cours ?
- a J'aime les cours de sciences.
- b Je fais du skate avec mon meilleur ami.
- c Il mange du melon.

8 À la maison, Clara .... espagnol avec sa famille.
- a habite
- b parle
- c fait

9 Loïc porte…
- a des lunettes et un pantalon bleu.
- b les cheveux courts et bruns.
- c les yeux bleus.

10 • Combien font trente-six et seize ?
○ ....
- a quarante-deux
- b cinquante-deux
- c soixante-deux

11 Michèle et Zazie ....
- a n'aiment pas l'histoire.
- b n'aime pas l'histoire.
- c n'aimons pas l'histoire.

12 Mes chaussures sont…
- a noires et blanches.
- b noirs et blancs.
- c noire et blanche.

13 • À quelle heure tu as français ?
○ ....
- a Il est dix heures.
- b À dix heures.
- c Dix heures.

14 • Quand est-ce que tu fais .... devoirs ?
○ Le soir.
- a mon
- b votre
- c tes

15 • .... par semaine tu as anglais ?
○ Quatre fois.
- a À quelle heure
- b Combien de fois
- c Quel jour

16 J'adore la danse. Je danse…
- a pas.
- b tous les jours.
- c jamais.

17 Le mercredi après-midi, je joue .... piano.
- a à le
- b au
- c du

18 • Tu .... de l'espagnol ?
○ Non, de l'anglais.
- a faire
- b fais
- c fait

19 • Tu fais de l'italien au collège ?
○ Non, nous ne faisons pas .... italien.
- a de
- b du
- c d'

20 .... tu apportes à la fête ?
- a Est-ce que
- b Qu'est-ce que
- c Quand

58 cinquante-huit

UNITÉ 4
C'est la fête !

NOTRE PORTFOLIO

Dans cette unité, nous allons...
préparer une fête pour la classe et l'annoncer sur une affiche.

Pour cela, nous allons apprendre :
- à parler de la date et des festivités
- à demander et comprendre des prix
- à exprimer des quantités

Et nous allons utiliser :
- les chiffres de **100** à **1999**
- les mois de l'année
- les noms de magasins et de produits
- les membres de la famille
- **POUVOIR** et **VOULOIR** : le présent
- **PRENDRE** : le présent
- **au, à la, à l', aux**
- **du, de la, de l', des**
- la préposition **pour**
- l'emploi du pronom **on**

4. 1. Le calendrier

1 Poisson d'avril !

A. Regarde ces dates. Est-ce qu'on célèbre les mêmes fêtes dans ton pays ? Qu'est-ce qu'on fait ces jours-là ?

• Ici aussi, nous fêtons Noël le 25 décembre.
○ Ici, à Noël, on mange…

Janvier
Premier dimanche
L'Épiphanie
On mange la galette des rois. La personne qui trouve la fève est le roi ou la reine.

Avril
1er
Poisson d'avril !
On accroche un poisson en papier dans le dos des gens pour plaisanter.

Mars (ou avril)
Pâques
Les enfants cherchent des œufs et des animaux en chocolat cachés dans le jardin ou la maison.

Juin
21
Fête de la musique
Il y a des concerts dans les rues des villes et villages de France.

Juillet
14
Fête nationale française
On fête la Révolution avec des bals et des feux d'artifice.

Septembre
Première semaine
La rentrée !
C'est la fin des vacances. Les élèves rentrent en classe.

Décembre
25
Noël
C'est le jour des cadeaux. On mange de la dinde et, en dessert, la bûche de Noël.

Octobre
31
Halloween
Au Québec, on fait une grande fête très populaire. Tout le monde se déguise.

60 soixante

B. Tu connais les fêtes suivantes ?
Tu sais quel jour elles ont lieu ?

Le Jour de l'an

La Saint-Nicolas

Le carnaval

La Saint-Jean

La Saint-Valentin

La Saint-Sylvestre

C. Ces fêtes existent dans ton pays ? Elles sont différentes ? Ce sont des jours fériés ? En groupe, cherchez trois dates de fêtes importantes et expliquez-les.

• Le 21 juin, c'est…

2 C'est quand ton anniversaire ?

En groupe, demandez à vos camarades quand est leur anniversaire pour faire remplir le tableau avec tous les anniversaires de la classe que vous classez par saison.

EN HIVER	AU PRINTEMPS	EN ÉTÉ	EN AUTOMNE
Noah (17 janvier)	---	---	---

Joyeux anniversaire!

On a besoin de…

Les festivités

En français, la majorité des fêtes est au féminin :

La Saint-Sylvestre   **La** Chandeleur
La Saint-Nicolas   **La** Saint-Jean
La Toussaint

💡 **Le** 14 Juillet, **le** 1er Mai.
Noël, Pâques.

La date

• **C'est quand** la fête des Mères ?
◦ Le dernier dimanche de mai.

• **C'est quel jour** ton anniversaire ?
◦ (C'est) **le** 1er juillet.
  (C'est) **le** 16 mars.

💡 Le 1er Mai = **le premier** mai

• **Quand** est-ce que tu as des vacances ?
◦ **En** automne une semaine, **en** hiver deux semaines et **en** été un mois.

💡 Mon anniversaire est **au** printemps. C'est le 25 mars.

On

• Qu'est-ce qu'**on** fait, en France, à Noël ?
◦ **On** mange de la dinde et de la bûche. **On** offre des cadeaux…

Manger : le présent

Je **mange**
Tu **manges**
Il/elle/on **mange**
Nous **mangeons**
Vous **mangez**
Ils/elles **mangent**

soixante et un **61**

2. Produits et magasins

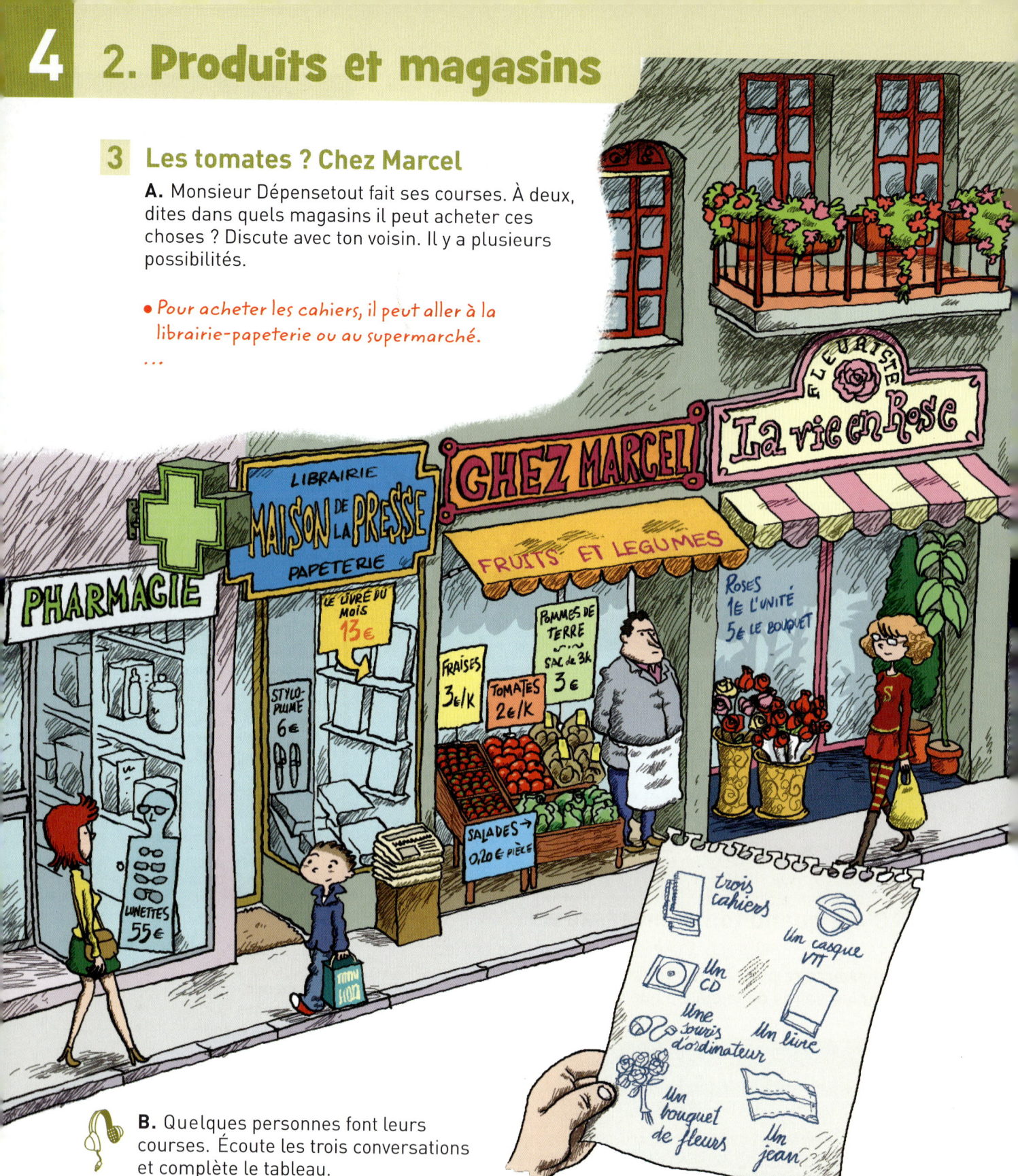

3. Les tomates ? Chez Marcel

A. Monsieur Dépensetout fait ses courses. À deux, dites dans quels magasins il peut acheter ces choses ? Discute avec ton voisin. Il y a plusieurs possibilités.

- Pour acheter les cahiers, il peut aller à la librairie-papeterie ou au supermarché.
- ...

B. Quelques personnes font leurs courses. Écoute les trois conversations et complète le tableau.

Pistes 30-32

Liste :
- trois cahiers
- un casque VTT
- un CD
- une souris d'ordinateur
- un livre
- un bouquet de fleurs
- un jean

	PRODUIT(S) QU'IL/ELLE ACHÈTE	PRIX	MAGASIN
CONVERSATION 1			
CONVERSATION 2			magasin de sports
CONVERSATION 3			

62 soixante-deux

4 Le réseau de mots

A. Crée ton propre réseau de mots. Une façon très utile de mémoriser et d'organiser le nouveau vocabulaire, c'est de faire des schémas comme celui-ci, à l'aide des mots que tu as appris dans l'activité précédente et d'autres mots que tu connais.

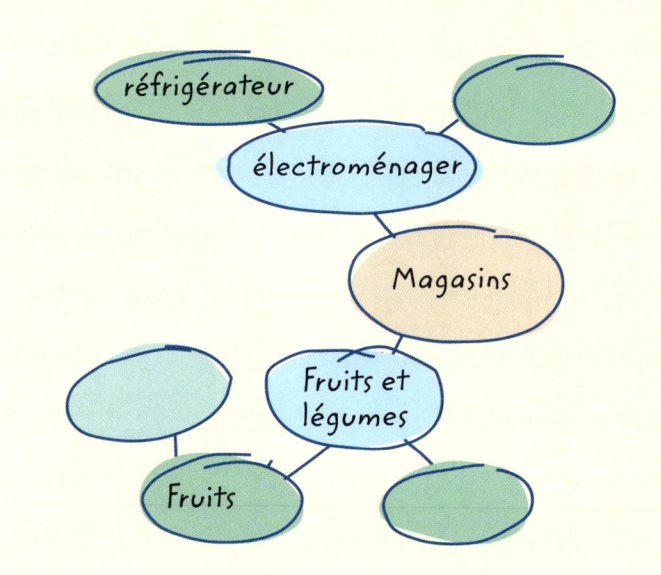

- réfrigérateur
- électroménager
- Magasins
- Fruits et légumes
- Fruits

B. À deux, comparez vos réseaux. Expliquez vos choix.

On a besoin de...

Au, à la, à l', aux

	masculin	féminin
singulier	Je vais **au** marché.	Je vais **à la** pharmacie.
	Je vais **à l'**épicerie.	
pluriel	Je vais **aux** Galeries Lafayette.	

Je vais **chez le** fleuriste.
chez Marcel.

POUVOIR / VOULOIR

	POUVOIR	VOULOIR
Je	peux	veux
Tu	peux	veux
Il/elle/on	peut	veut
Nous	pouvons	voulons
Vous	pouvez	voulez
Ils/elles	peuvent	veulent

Elle **veut** acheter un CD.
On **peut** acheter un MP3 au magasin d'électronique.

Je sais voler mais je ne peux pas.

4 3. C'est pour qui ?

5 Le labyrinthe des cadeaux

A. C'est Noël et les membres de la famille de Laurie s'offrent des cadeaux. Lis les descriptions des personnes et, à deux, devinez pour qui est chaque cadeau.

• Je pense que le guide est pour la grand-mère.
○ Oui, et je pense que les lunettes sont pour Muriel.

Étienne, mon père. 54 ans. Il est prof de mathématiques. Il adore le ski et la photo. Il habite au Québec.

Françoise, ma grand-mère. Elle aime lire et voyager.

C'est moi ! Laurie !

À MA TANTE PRÉFÉRÉE.

de la part de ton petit-fils.

Muriel, ma mère. Elle est informaticienne. Elle aime faire du sport.

Mon frère, Serge, 20 ans. C'est un artiste, il adore le cinéma. Il habite au Québec chez notre père (nos parents sont divorcés).

Lisa, ma cousine, la fille de mon oncle et de ma tante. Elle est romantique et adore la musique.

Louis, mon petit frère. Il est fou de football !

B. Cherche les bonnes réponses dans le labyrinthe. Écris la liste des cadeaux en indiquant qui offre quoi à qui.

Lisa offre un guide de voyage à sa grand-mère.
…

64 soixante-quatre

6 Le français et la France en chiffres

A. Lis les questions du test et écris en lettres les réponses que tu estimes correctes.

1 .... millions de personnes dans le monde parlent la langue française.
 a. **1900**   b. **Environ 250**   c. **29**

2 La France a plus de .... millions d'habitants.
 a. **10**   b. **800**   c. **60**

3 .... est l'année de la Révolution française.
 a. **1462**   b. **1789**   c. **1933**

B. Écoute l'enregistrement et vérifie tes réponses.

Piste 33

C. Est-ce que tu connais des données similaires sur ton pays ?

7 Les voyelles nasales

Des sons et des lettres

Pistes 34-35

A. Écoute ces paires de mots. Est-ce que les voyelles colorées se prononcent de la même façon dans les deux mots ?

pain paix   sang sa   pont pot
sain sait   cent ces

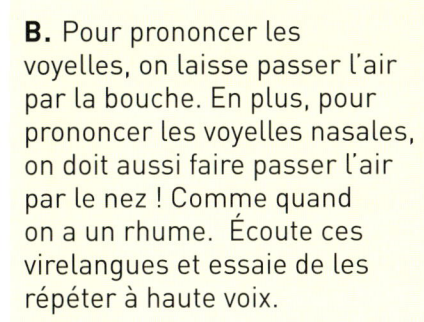

B. Pour prononcer les voyelles, on laisse passer l'air par la bouche. En plus, pour prononcer les voyelles nasales, on doit aussi faire passer l'air par le nez ! Comme quand on a un rhume. Écoute ces virelangues et essaie de les répéter à haute voix.

- **Mon pantalon et ton blouson sont marron.**
- **Clément est un enfant français d'un an.**
- **Au jardin, le matin, il y a mes copains et cinq lapins.**

Voici quelques trucs pour bien prononcer les voyelles nasales :

[ɔ̃] M**on** : langue très en arrière et bouche arrondie, presque fermée.
[ɑ̃] Enf**an**t : langue un peu en arrière et bouche arrondie et bien ouverte.
[ɛ̃] Jard**in** : langue en avant et bouche souriante, ouverte.

On a besoin de...

Les chiffres de 100 à 1 999

101	▶	cent un
200	▶	deux cents
250	▶	deux cent cinquante
300	▶	trois cents
1 000	▶	mille
1 700	▶	mille sept cents
1 711	▶	mille sept cent onze

Pour

- C'est **pour qui** le CD ?
- **Pour** ma tante.
- Et l'eau de toilette ?
- ...

💡 C'est pour moi !   pour nous !
      pour toi !   pour vous !
      pour elle !   pour elles !
      pour lui !   pour eux !

La famille

La mère ⎤
Le père ⎦ les parents

La grand-mère ⎤
Le grand-père ⎦ les grands-parents

💡 La grand-mère → **la mamie**
   Le grand-père → **le papi**

Le cousin ⎤
la cousine ⎦ les cousins et cousines.

La sœur, la demi-sœur.
Le frère, le demi-frère.

💡 • Tu as des frères et sœurs ?
   ○ Non, je suis **fils unique**.

Il est pour qui ce gâteau ?
Pour vous, grand-mère !

soixante-cinq **65**

4. Vous désirez ?

8 On boit un coup ?

A. Regarde les dessins et trouve l'image correspondant à chacune de ces conversations.

A
- Excusez-moi, où sont les toilettes, s'il vous plaît ?
- C'est la porte au fond, à droite.
- Merci.

B
- Bonjour ! Qu'est-ce que je vous sers ?
- Pour moi, un jus d'orange bien frais, s'il vous plaît.
- Vous voulez des glaçons ?
- Ah oui, merci !
- Et vous, monsieur ?
- Un verre de coca.
- Ce sera tout ?
- Non, je voudrais aussi un sandwich au fromage.
- Moi aussi.

C
- Garçon ? Ça fait combien ?
- Alors, un coca, un jus d'orange et deux sandwichs, ça fait... 11€80, s'il vous plaît.
- Tenez.
- Merci beaucoup !

B. Maintenant, écoute l'enregistrement et vérifie tes réponses.

Piste 36

9 Vous désirez ?

A. Voici les offres du «Resto». Formez des groupes de trois et, à l'aide du dictionnaire, cherchez les mots que vous ne comprenez pas. Faites une liste du vocabulaire nouveau dans votre cahier.

« LE RESTO »

NOS SANDWICHS
Jambon-beurre	3,00€
Jambon-fromage	3,40€
Jambon de pays	4,00€
Tomate-mozzarella	3,80€
Thon-salade	3,80€
Végétarien	3,50€

SNACK
Croque-monsieur	4,00€
Croque-madame	4,50€
Panini	3,00€

Plat du jour :
Poulet-frites

Menu 15€
Salade au choix
Plat du jour
Fromage ou dessert
Café
Boisson

◆ **NOS SALADES**
Salade verte	3,20€
Salade de tomates	4,00€
Crudités	4,50€

◆ **NOS GLACES**
Vanille, chocolat, fraise, citron, framboise, pistache, café, cassis.
1 boule	3,00€
2 boules	4,50€
3 boules	6,00€
Supplément chantilly	0,50€
Orange/citron glacé	4,20€

◆ **NOS BOISSONS**
Café	1,30€
Thé	1,40€
Coca	2,00€
Jus d'orange, citron ou pomme	2,00€
Eau minérale	1,90€
Eau gazeuse	2,00€
Chocolat chaud	2,20€

B. En groupe, préparez une conversation. Il y a un serveur/une serveuse et deux clients. Jouez la scène en classe.

- Bonjour Messieurs ! Qu'est-ce que vous prenez ?
- Pour moi, une salade verte.
- ...

66 soixante-six

10 Les courses

A. C'est l'anniversaire d'Aurélie. Ses amis lui préparent une fête surprise. Ils font les courses au supermarché. Quels achats correspondent à leur liste ?

- 4 bouteilles de jus d'orange et de jus de pomme
- 2 bouteilles de coca
- 4 paquets de chips
- 5 paquets de jambon
- 2 paquets de pain de mie
- 5 paquets de fromage
- 3 grandes pizzas
- 5 boîtes de glace à la vanille
- 1 gâteau
- bougies d'anniversaire

A

B

B. Que manque-t-il dans les autres achats ?

11 Les voyelles nasales (suite)

Piste 37

A. Voici sept paires de mots. Écoute l'enregistrement et entoure le mot que tu entends à chaque fois.

- veau / vont
- mai / main
- vais / vin
- chatte / chante
- eau / ont
- mot / mon
- nos / non

Des sons et des lettres

in on
en
an

B. Quels sont les mots qui contiennent une voyelle nasale. Laquelle : [ɔ̃] comme **ton**, [ɛ̃] comme **vingt**, [ɑ̃] comme **enfant** ?
Répète-les à haute voix.

On a besoin de...

Les partitifs

Vous avez **de la** limonade ?
du café ?
de l' eau minérale ?
des frites ?

Je voudrais **un** café et **une** eau minérale.

La quantité précisée

Une bouteille de jus d'orange.
200 grammes de fromage.
Une boîte de thon.
Un paquet de chips.
Un kilo de sucre.
500 grammes de fraises.

Un kilo d' 🕷 bien noires, une demi-bouteille de 🧪, trois 🌿, 20 🐈 de chat noir...

PRENDRE : le présent

Je	**prends**
Tu	**prends**
Il/Elle/On	**prend**
Nous	**prenons**
Vous	**prenez**
Ils/Elles	**prennent**

QuARTiER libRE

La revue des jeunes qui apprennent le français.   N° 4

LA RECETTE

Gâteau d'anniversaire super simple !
(à faire avec un pot de yaourt comme mesure)

Ingrédients :

- 1 pot de yaourt nature ou aux fruits
- 1 pot d'huile 
- 1 paquet de levure chimique 
- 3 œufs 
- 3 pots de sucre en poudre 
- 3 pots de farine 

Pour la décoration :

- du sucre glace
- des bonbons 

Quartier Libre organise un concours de recettes. Envoie-nous ta recette préférée. Les meilleures seront publiées sur notre site Internet.

Préparation :

① Mélanger tous les ingrédients dans un grand saladier.

② Faire cuire dans un moule à gâteau, 35 minutes à 180°C.

③ Décorer le gâteau : saupoudrer de sucre glace.

④ Disposer les bonbons de couleurs... et les bougies !

⑤ Déguster. Bon anniversaire !

Idées pour des cadeaux pas chers !

Pour ta grand-mère ou ton grand-père

Une après-midi avec lui/elle : pourquoi pas une promenade tranquille dans un endroit agréable ? Prends un livre de poésie et lis-lui tes poèmes préférés. Il/elle va adorer !

Pour ton petit frère ou ta petite sœur

Une sortie surprise : passe le/la prendre à la sortie de l'école et partez tous les deux à la piscine ou à la patinoire. Mais ne dis pas où vous allez, c'est une surprise !

POUR TA MEILLEURE COPINE OU TON MEILLEUR COPAIN

Un CD de vos meilleurs moments ensemble : choisis vos plus belles photos, vos morceaux de musique préférés et fais un montage à regarder ensemble. Trop cool !

Pour ton père ou ta mère

La musique de leurs 20 ans : renseigne-toi sur les tubes de leur jeunesse, voilà un succès garanti ! Fais toi-même la pochette du CD !

68 soixante-huit

Cartes de vœux

Dessine ta propre carte de vœux pour la nouvelle année, l'anniversaire d'un(e) ami(e), etc.

Z.O.M & R.O.M

MARDI GRAS !

— MAMAN, MAMAN ! DEMAIN C'EST CARNAVAL À L'ÉCOLE, ON SE DÉGUISE !
— AH BON ? DÉJÀ ?

— ON VA VOIR CE QU'ON PEUT FAIRE AVEC CES VIEUX VÊTEMENTS...
— REGARDE ÇA ! C'EST SUPER !

CARNAVAL : DÉGUISEMENTS ET ACCESSOIRES

— ÇA FAIT COMBIEN ?
— HUIT EUROS.

— ÇA VA COMME ÇA ?
— VOUS ÊTES SUPERBES !

— QU'EST-CE QUI SE PASSE ? POURQUOI ILS NE SONT PAS DÉGUISÉS ?
— MAIS QU'EST-CE QUE VOUS FAITES AVEC CES DÉGUISEMENTS ?
— BEN, C'EST CARNAVAL AUJOURD'HUI !
— MAIS NON !!! C'EST LA SEMAINE PROCHAINE !

soixante-neuf 69

NOTRE PORTFOLIO

NOUS ALLONS PRÉPARER UN PROJET DE FÊTE POUR LE PRÉSENTER À LA CLASSE ET L'ANNONCER SUR UNE AFFICHE.

1. Organisez-vous en groupes. Chaque groupe choisit une journée de fête avec un motif (fêter les anniversaires de tous les élèves en même temps, une journée consacrée à la poésie, à la terre, aux animaux, au commerce équitable, la fête de l'école…).

2. Proposez une date et un horaire.

3. Décidez quel est le budget maximun dont vous pouvez disposer par élève (2€, 3€, 4€ ?).

4. Faites une liste des produits dont vous avez besoin en calculant bien les quantités et les prix.

5. Rédigez votre projet d'abord dans votre langue puis résumez-le en français. Présentez-le sur un poster et accompagnez-le d'un joli slogan. Préparez aussi des invitations.

6. Présentez-le oralement à la classe pendant cinq minutes (une minute par membre du groupe).

7. La classe vote pour le meilleur projet.

BONNE FÊTE !

---

22 AVRIL
JOURNÉE DE LA TERRE

Grande Fête Bio !

Chaque équipe apporte :
- des sandwichs bio
- un gâteau bio
- des yaourts aux fruits
- des boissons bio (du jus d'orange, du lait, etc.)

Chaque élève apporte :
- 1 assiette
- un verre
- des couverts

Et aussi :
- de la musique
- des décorations pour la classe

IL NOUS FAUT :
- ✓ de l'imagination
- ✓ des magazines à découper
- ✓ des feutres, des stylos, des crayons de couleurs
- ✓ des ciseaux
- ✓ de la colle
- ✓ une calculette

UNITÉ 5 On s'amuse !

Pour cela, nous allons apprendre :

- à parler de nos activités quotidiennes
- à exprimer des sensations
- à parler de la santé
- à inviter, à accepter et à refuser une proposition

Et nous allons utiliser :

- **avant de**, **après**
- les parties du corps
- les interrogatifs : **qui, où, quel**...
- **DEVOIR** et **VENIR** : le présent
- les verbes pronominaux : **SE COUCHER**...
- le pronom **on**
- le futur proche

NOTRE PORTFOLIO

Dans cette unité, nous allons...
réaliser une enquête sur nos habitudes.

1. Rythme de vie

1 Des vies différentes

A. Lise (12 ans) et Bertrand (13 ans) sont deux jeunes qui ont des vies assez particulières. Ils répondent aux questions de leurs fans sur un blog. Quelles sont les principales différences dans leur vie par rapport à la tienne ?

Discutes-en avec ton voisin.

→ **Lise Erberg**, musicienne. Elle joue du violon avec les plus grands orchestres du monde.

- Salut Lise ! Moi aussi, je joue du violon ! Tu passes combien de temps à jouer chaque jour ?
- Je joue trois heures tous les jours. En musique, il n'y a pas de week-end. En plus, j'ai souvent des concerts le soir, parfois jusqu'à minuit.
- À quelle heure tu te lèves ?
Je me lève à 8 h pour étudier le matin. Je reste à la maison parce que j'étudie par correspondance avec mes livres.
- Tu as le temps de faire d'autres activités ?
Je fais de la danse avec ma meilleure amie le jeudi. Si je veux, je peux regarder aussi un peu la télé, mais jamais le soir. Je chatte tous les jours avec mes amis.

→ **Bertrand Jouert**, champion de natation.

- Bertrand, j'ai vu à la télé un reportage sur tes compétitions, mais tu ne parles jamais de ta vie personnelle. Tu es timide ?
- Non, pas du tout. Mais j'aime parler de ma passion : la natation.
- Où étudies-tu ?
- Je suis élève au lycée sportif de Grenoble.
- Comment se passe une de tes journées ?
Ici, tous les élèves sont très forts dans un sport : le tennis, le golf, le ski. Moi, c'est la natation. Je m'entraîne tous les matins avant de prendre mon petit-déjeuner et l'après-midi, après les cours.
- Et après, qu'est-ce que tu fais ?
- L'après-midi, je vais en cours avec mes copains et normalement, je fais mes devoirs de 6 h à 8 h du soir.
- Vous étudiez beaucoup ?
Oui, nous avons des interros tous les lundis. On doit avoir de bons résultats en cours, pas seulement en sport.
- Tu dors au lycée ?
- Oui. Je suis interne. Du lundi au vendredi, je mange et je dors au lycée. Le week-end, je rentre chez moi.
- Tu penses aux prochains Jeux Olympiques ?
Oui, bien sûr. Je veux rapporter une médaille chez moi !

B. Présente la journée d'un membre de ta famille. Prépare six phrases ; les autres élèves doivent deviner de qui tu parles.

- Il mange six fois par jour. Il dort beaucoup et ne se lève jamais. Il ne parle pas. Qui est-ce ?
○ Ton petit frère !

C. Réponds à ces questions.
- À quelle heure tu te réveilles ?
- Vers quelle heure tu te couches ?
- Est-ce que tu goûtes ?
- Est-ce que tu joues souvent avec ton frère ou ta sœur ?

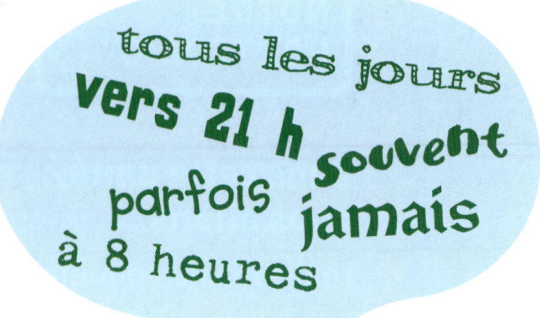

tous les jours · vers 21 h · souvent · parfois · jamais · à 8 heures

72 soixante-douze

2 Les Jeux Olympiques

A. Tu aimes un sport ? Lequel ? Parle avec ton voisin.

- Moi, j'aime le football.
- Moi, j'aime la natation.

B. Fais des phrases pour dire quels sports tu fais et quel est ton niveau.

- Moi, je joue *assez bien* au rugby.
- Moi, je joue *très bien* au rugby.
- Moi, je joue au rugby, mais *pas très bien*.
- Moi, je ne sais pas jouer au rugby.

3 Les sons [s] et [z]

A. Écoute et dis si le son [s] que tu entends existe dans ta langue, puis observe son orthographe.

français – attention – salut – citron – saucisson – classe – surprise – situation – sauce – bonsoir

Pistes 38-39

B. Prononce le mot *chaise*. Le **s** est-il identique à celui de A ? Maintenant, observe l'illustration : le **s** de *chaise* ressemble-t-il au bruit du serpent ou du moustique ?

C. Écoute ces mots français et essaie de les placer dans le tableau.

Assez   Cousine   Français   Lise
Lycée   Maison   Acrobatie Poser
Sylvie   Triste   Vacances   Zoo

En français, comme en anglais dans *easy*, la différence entre [s] et [z] est importante pour distinguer des mots

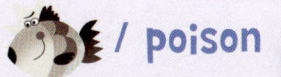

poisson / **poison**

D. Observe le tableau de C et dis comment on peut écrire [z] en français.

On a besoin de...

Les repères temporels

Avant de dormir, je lis un peu.
Après les cours, je fais du judo.

Où

- Tu manges **où** ?
- Normalement, je mange **dans** la cuisine.

- **Où** fais-tu tes devoirs ?
- **Dans** ma chambre.

💡 Où manges-tu ?
= Tu manges où ?

	LIRE	SE COUCHER
Je	lis	me couche
Tu	lis	te couches
Il/elle	lit	se couche
Nous	lisons	nous couchons
Vous	lisez	vous couchez
Ils/elles	lisent	se couchent

aussi : **se lever, se doucher**...

Je me lève à minuit.

Je me couche vers sept heures.

---

[s]	[z]

soixante-treize 73

5 2. Le corps et les sensations

4 Le docteur de *Zone jeune*

A. Benjamin écrit au Dr Berger, du magazine *Zone jeune*, pour lui demander conseil. Lis ses réponses et note les conseils donnés.

ZONE JEUNE | 36

Doc, tu peux me dire...

✉ Je m'appelle Benjamin Iriart et j'ai 12 ans. J'ai toujours sommeil et je me sens souvent fatigué à l'école et à la maison. C'est normal ?

Cher Benjamin,

La sensation de fatigue est courante pendant l'adolescence. Pour être en forme, tu dois te coucher tôt et dormir huit à neuf heures toutes les nuits. Il faut aussi avoir un bon lit. Pour ne pas avoir cette sensation, tu dois faire du sport tous les jours, c'est très important. Beaucoup de jeunes ne font pas assez d'exercice.
Autre cause possible, c'est le stress. Si tu as des problèmes au collège ou avec d'autres élèves, tu dois parler avec tes professeurs ou tes parents.
L'alimentation est très importante aussi. À ton âge, il faut bien manger. Prends un bon petit-déjeuner le matin (lait, yaourt, céréales, fruit, pain…) et mange tous les jours des légumes et des fruits.
Voilà quelques conseils pour t'aider à te sentir reposé et plein d'énergie !

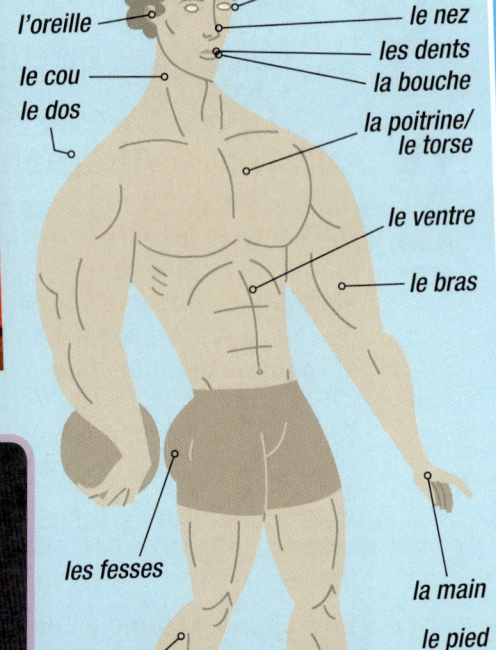

la tête — l'œil/les yeux
l'oreille — le nez
le cou — les dents
le dos — la bouche
— la poitrine/le torse
— le ventre
— le bras
les fesses — la main
— le pied
la jambe

CAUSES POSSIBLES	CONSEILS
1. le sommeil	Il faut…
2. le stress	Il doit…
3. la mauvaise alimentation	Il faut…

B. Et toi, tu te sens parfois comme Benjamin ?

Moi, le matin, j'ai souvent sommeil…

5 Aïe ! Ça fait mal !

A. Trouve pourquoi ces personnes ont un problème.

1. Carine est souvent **fatiguée** parce qu'elle...
2. Jasmina a souvent **mal au dos** parce qu'elle...
3. Pierre a souvent **mal aux yeux** parce qu'il...
4. Karim a souvent **mal aux dents** parce qu'il...
5. Damien a **mal à la main** parce qu'il...

A. mange trop de bonbons.
B. écrit beaucoup de sms.
C. porte trop de livres dans son sac.
D. ne dort pas assez.
E. passe trop de temps devant son ordinateur.

B. Regarde ces cinq jeunes. Où ont-ils mal ? Complète les phrases.

1. Il a mal à la jambe.
2. Elle ....
3. Elle ....
4. Il ....
5. Il ....

On a besoin de...

Donner un conseil : il faut + infinitif

Pour avoir un corps sain,
il faut manger équilibré.
faire du sport.
dormir neuf heures.

Devoir + infinitif/ne pas devoir + infinitif

Si tu as mal au dos, tu **dois faire de la natation**.
Pour réussir les examens, on **doit étudier**.
Si tu as mal à la tête, tu **ne dois pas regarder la télé**.

DEVOIR : le présent

Je	dois
Tu	dois
Il/elle/on	doit
Nous	devons
Vous	devez
Ils/elles	doivent

Intensité et quantité

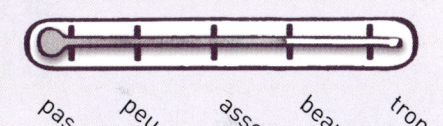

pas assez — peu — assez — beaucoup — trop

Océane **ne** boit **pas assez**.
Laurent **ne** mange **pas assez de** viande.
Tu manges **assez de** fruits ?
Manon mange **peu**.
Chloé mange **peu de** fromage.
Yannick mange **beaucoup**.
Sophie mange **beaucoup de** légumes.
Adrien mange **trop**.
Sandra mange **trop de** sucreries.

Aïe ! J'ai mal !

J'ai mal à la tête.
J'ai mal au ventre.
J'ai mal aux jambes.
J'ai sommeil/je suis fatigué.
J'ai chaud/j'ai froid.

soixante-quinze 75

5 3. La détente

6 « Accro » à la télé ?

A. Réponds à ce test.

Test

		A	B
1	Tu as une télé dans ta chambre ?	oui	non
2	Combien de temps par jour tu regardes la télé ?	+ de deux heures	– d'une heure
3	Que signifie pour toi « trop de télé » ?	+ de trois heures	– d'une heure
4	Tu demandes l'autorisation à tes parents pour regarder la télé ?	non	oui
5	Tu préfères regarder la télé seul(e) ?	oui	non
6	Tu fais souvent du zapping ?	oui	non
7	Tu peux regarder la télé et faire autre chose en même temps ?	oui	non
8	Tu regardes la télé le soir ?	oui	non
9	Tu lis combien de temps par jour ?	– d'une heure	+ de deux heures
10	Tu fais du sport ?	– de vingt minutes	+ d'une heure

RÉSULTAT : Si tu as plus de A, tu es peut-être « accro » à la télé !!!

B. Écoute la conversation. Tu crois que Sébastien est «accro» à la télé ?

Piste 40

C. Fais passer le test à ton voisin. Tu penses qu'il est « accro» à la télé ? Pourquoi ?

Je pense que Margot est accro à la télé parce qu'elle a sept réponses A. Elle regarde la télé tous les jours…

D. Et toi, combien de temps par jour passes-tu à faire ces choses ?

| jouer à l'ordinateur | lire | faire tes devoirs | écouter de la musique | dormir |

• *Moi, je passe plus ou moins une heure à faire mes devoirs.*

7 Qu'est-ce qu'on va regarder ce soir ?

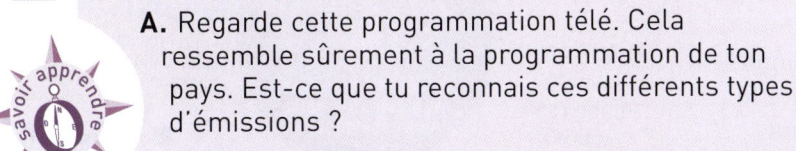

A. Regarde cette programmation télé. Cela ressemble sûrement à la programmation de ton pays. Est-ce que tu reconnais ces différents types d'émissions ?

- une émission de musique
- un documentaire
- un jeu/un concours
- un dessin animé
- une émission de sport
- une série
- le journal télévisé (ou les informations)
- un film

FRANCE 2
- 17 h 00 Les amis de Mickey
- 17 h 45 Amour et passion Chapitre 223
- 18 h 30 Boîte à clips
- 19 h 00 Stade TV
- 20 h 00 Journal et météo
- 21 h 00 Harry Potter
- 23 h 00 Un crime est écrit.

18 h 30 Boîte à clips

FRANCE 4
- 17 h 00 **Les petits loups :** Lucky Luke et les Schtroumpfs
- 18 h 00 **Kenya : le secret de la savane**
- 19 h 00 **1 million d'euros en poche**
- 20 h 00 **Eurinfos :** journal international
- 20 h 40 **Académie de stars**
- 22 h 30 **Interview :** Yannick Noah, de la raquette au micro
- 00 h 00 **Résumé de l'actualité**

18 h Kenya : les secrets d'une savane

B. Quelles émissions tu regardes avec ta famille ?

● Dans ma famille, on regarde beaucoup les films et on n'aime pas du tout les concours.
…

C. À deux, écrivez votre programmation idéale pour un après-midi.

● À 15 heures, des dessins animés, par exemple, …
…

On a besoin de…

Quel(s)/quelle(s)

	masculin	féminin
singulier	**quel** sport	**quelle** émission
pluriel	**quels** sport**s**	**quelles** émission**s**

● **Quel** sport tu pratiques ?
○ Je fais du ping-pong.
● **Quelles** émissions tu préfères ?
○ Les jeux et les documentaires.

Le pronom on

Chaque année, à la maison, **on regarde** l'Eurovision.
Dans ma classe, **on parle** souvent de musique.

> Je mange du fromage.
> Moi aussi.
> Moi aussi.
> ON mange du fromage !

On a souvent le sens de **nous**. Attention, le verbe se conjugue à la 3e personne du singulier.

Combien de temps

● **Combien de temps** tu passes sur Internet?
○ Trente minutes par jour, **plus ou moins**.

4. Inviter un ami

8 **Louise prépare son week-end.**

A. Louise cherche des informations pour décider de ce qu'elle va faire le week-end. Où peut-elle aller pour… ?

- manger une crêpe ;
- voir un film avec son acteur préféré ;
- acheter un CD ;
- voir un match de basket ;
- trouver un cadeau d'anniversaire pour son meilleur ami ;
- acheter du papier spécial pour un exposé d'histoire
- acheter une lumière pour son vélo.

Papeterie Micheline
Photocopies, papiers, cahiers et stylos…

LA CÉDÉTHÈQUE
Neufs et d'occasion, rock, rap, r&b, salsa, entrées concerts

GYMNASE MUNICIPAL
Rencontres sportives inter-collèges dimanche à 10 h, 13 h championnat de basket

Chez Minette
Crêpes bretonnes sucrées et salées, salades, croque-monsieur

Chez Jackie
Garage, réparation-vente de vélos et scooters

Dragons et chevaliers
Échanges de jeux, nouveautés en jeux vidéo. Promotions 3 jeux au prix de 2

Ciné Renoir
Mystère dans les pyramides.
Avec Brad Pitt et Audrey Tautou
Tous les jours, 18h et 20h30.

B. Regarde maintenant les invitations qu'elle reçoit de ses amis. Où vont-ils aller ?

• Kévin va voir le match de basket au gymnase.

1. ■ Coucou Louise ! Tu te souviens que demain à 17 h, on va chez moi préparer l'exposé d'histoire sur l'Égypte ? Je m'occupe du papier vert. Miriam

2. Salut ! Je t'invite dimanche à mon anniversaire. Je vais organiser une fête à la maison avec les copains du judo et du collège. Tu peux venir ?

3. Salut ! Demain, Pierre, Séverine, Thomas et moi, on va voir un film de suspense au cinéma du centre ville. Tu veux venir ? On se retrouve devant le ciné à 14 h. Après on va manger une crêpe, OK ? Ciao ! Lola

4. Louise, je vais voir le match de basket entre notre collège et le collège Jules Ferry, dimanche matin. Ils vont jouer au gymnase à 10 h. Tu me téléphones si tu veux venir ? Kévin

C. Maintenant, lis les réponses de Louise à ces invitations. Quelles sorties accepte-t-elle ? Quelles invitations refuse-t-elle ? Pourquoi ?

1. D'accord pour aller chez toi dimanche. J'adore les fêtes d'anniversaire ! Tu vas inviter les copains de la classe ? Qu'est-ce que j'apporte ? Des boissons, des bonbons ? Envoie-moi un sms.

2. Dommage ! J'adore l'équipe du collège, mais je dois m'occuper de mon petit frère le dimanche matin. Désolée. Bises. ■

3. Désolée, je ne peux pas venir chez toi parce que je vais voir mon grand-père à l'hôpital. Mais je vais chercher des photos de pyramides et de pharaons sur Internet. OK ?

4. Super ! Ça marche pour le ciné demain. Quel film on va voir ? Je vais arriver un peu tard mais je vous retrouve devant le cinéma. Salut.

D. Imagine que tu es dans la même situation que Louise. Quelle(s) proposition(s) tu acceptes ?

• Je vais aller au cinéma voir le film avec Brad Pitt…

…

E. Écoute la conversation entre Louise et une amie. Que lui propose cette amie ? Louise accepte ou refuse ?

F. Maintenant, écris un petit message anonyme : propose à un élève de ta classe une activité le week-end prochain. Invente un pseudonyme pour signer.

> Salut, tu veux venir au parc demain, à 17 h, faire du skate ?
> Zorro

G. Tu as aussi reçu une proposition. Tu acceptes ou tu refuses ? Écris la réponse sur le papier. Affiche le message sur le mur.

9 Le son [ʒ] : J ou G

Des sons et des lettres

A. Écoute et observe les différentes orthographes du son [ʒ] comme dans **jouer**.

jupe
girafe   manger
Jules   déjeuner
jardin
aujourd'hui
jeudi   agenda
jouer
          jamais
Gilles

B. Tu vois qu'on peut écrire le son [ʒ] de différentes manières. Complète ces lignes.

j devant a, e, i, **?**, et **?**
g devant e et **?**

On a besoin de…

Inviter

Tu voudrais aller à la bibliothèque ?
Tu viens chez moi après les cours ?
Si tu veux, on peut aller faire une promenade.

Accepter

Oui, pourquoi pas !
D'accord.

Refuser

Désolé(e), je ne peux pas.
Non, je ne suis pas libre.

VENIR : le présent

Je	viens
Tu	viens
Il/elle	vient
Nous	venons
Vous	venez
Ils/elles	viennent

Le futur proche : aller au présent + infinitif

Je	vais	
Tu	vas	visiter
Il/elle/on	va	partir
Nous	allons	voir
Vous	allez	
Ils/elles	vont	

Demain, **je vais voir** des amis.
La semaine prochaine, **mes frères vont visiter** Strasbourg.
Mardi prochain, **nous allons avoir** une interrogation de géographie.

Les repères temporels

aujourd'hui
cet après-midi
ce soir
demain
lundi/mardi… **prochain**
la semaine/l'année **prochaine**
le mois **prochain**

💡 Pour parler d'une action future en la présentant comme certaine et décidée, on peut aussi utiliser le présent :
Ce soir, je vais au cinéma.
Demain, on se retrouve à 17 h.

QuARTieR libRE

La revue des jeunes qui apprennent le français.

N° 5

Teste tes connaissances ?

As-tu un cœur d'or ?

- Ne pas connaître la réponse à une question et arrêter de la chercher.
- Être paresseux, ne pas aimer travailler.
- Se dit d'une personne généreuse, bonne, gentille.
- Dire du mal des autres, parler mal des autres.
- Mettre plus dans son assiette que ce qu'on est capable de manger.

Donner sa langue au chat

Avoir un poil dans la main

Avoir un cœur d'or

Avoir les yeux plus gros que le ventre

Avoir une langue de vipère

Les JO d'hiver en France

Chamonix 1924 - Grenoble 1968 - Albertville 1992 : trois villes olympiques au cœur des Alpes !

Chamonix : pionnière de l'alpinisme

Le 8 août 1786, les Français Jacques Balmat et Michel Paccard sont les premiers à arriver au sommet du Mont-Blanc. Depuis, beaucoup d'aventuriers viennent à Chamonix pour escalader le « Toit de l'Europe ».
Au début du 20e s., on construit les premiers téléphériques et, en 1924, Chamonix organise les premiers Jeux Olympiques d'hiver et devient une référence mondiale pour le ski et l'alpinisme.

Grenoble : capitale des Alpes

À Grenoble, la montagne est présente partout. Prenez le téléphérique de la Bastille pour avoir une vue exceptionnelle sur les Alpes !
La ville organise les Jeux Olympiques d'hiver de 1968. C'est à cette occasion que la première mascotte olympique est née. Son nom : Schuss.

Albertville : une ville à la montagne

Depuis sa création en 1836, Albertville est un lieu de rencontres entre la France, l'Italie et la Suisse.
Au 20e s., la ville prend de l'importance grâce à ses nombreuses stations de sports d'hiver.
En 1992, elle organise les XVIe JO d'hiver et, aujourd'hui, on peut revivre cette aventure à la Maison des Jeux Olympiques d'hiver ou dans le Parc olympique.

80 quatre-vingts

LE RUGBY: une passion très française

Le rugby, sport très populaire et apprécié des Français, se joue au pied ou à la main avec un ballon oval. Les équipes sont constituées de 15, 13 ou 7 joueurs.

Le jeu consiste à déposer le ballon derrière la ligne de but adverse (essai) ou à le faire passer, par un coup de pied, au-dessus de la barre entre les poteaux de but.

Le premier club français a été créé au Havre en 1872, le Havre Athletic Club ; et le premier championnat de France a eu lieu 20 ans plus tard.

En 1910, la France participe pour la première fois au Tournoi des V Nations, compétition de rugby à 15, aux côtés des équipes d'Angleterre, d'Écosse, du Pays de Galles et d'Irlande. En 2000, ce tournoi devient celui des VI Nations avec l'arrivée de l'Italie.

* Maison des Jeunes et de la Culture

Z*O*M & R*O*M — VIVE LE SPORT !

— WAAAOU !!! TROP COOL ! REGARDE RUDY, DES COURS DE JUDO !
— TU AIMES ÇA TOI ?
— BEN OUAIS, C'EST SUPER CHOUETTE ! TU VEUX PAS ESSAYER ?
— AH BON... POURQUOI PAS, ÇA PEUT ÊTRE SYMPA.
— HÉ LES GARS ! ÇA VOUS DIT DES COURS DE JUDO ? IL Y A UN STAGE D'INITIATION À LA MJC*.
— AH OUAIS ! TROP BIEN !
— C'EST PAS UN PEU VIOLENT ÇA ?
— MAIS NON !

— VOUS AVEZ DÉJÀ FAIT DU JUDO ?
— NON, MAIS PAS DE PROBLÈME !
— TU VAS VOIR, APRÈS CE COURS, JE VAIS M'INSCRIRE AU CLUB ET... À MOI LES COMPÉTITIONS, LES MÉDAILLES, LES JEUX OLYMPIQUES, LA GRANDE CLASSE !
— C'EST ÇA, OUI !...

— ALORS, POUR COMMENCER, IL FAUT APPRENDRE À TOMBER... REGARDEZ BIEN !
PAF !

POC ! — HEY, FAIS ATTENTION !
— TOI AUSSI !
PAF ! — OUPS !
— AÏE !!!
TCHOC ! — OUILLE !
— ALORS ? LES MÉDAILLES, ÇA AVANCE ?
— AÏE ! TU ME FAIS MAL !
— NE BOUGE PAS !

NOTRE PORTFOLIO

UNITÉ 5

LA MUSIQUE

QUE FONT NOS CAMARADES QUAND ILS NE SONT PAS AU COLLÈGE ?

Nous allons réaliser une enquête sur leurs activités extrascolaires.

1. Formez des groupes de 4.

2. Choisissez un des thèmes suivants :
   - la santé
   - la musique
   - les activités quotidiennes
   - les loisirs
   - la télévision
   - les sports
   - Internet
   - les arts et la littérature
   - les jeux vidéo
   - la famille

3. Rédigez, en groupe, 8 questions sur le thème choisi.

4. Chacun d'entre vous va poser ses questions aux autres élèves. Puis rassemblez vos réponses par équipe.

5. Chaque groupe rédige son « rapport » sur le comportement général. Vous pouvez écrire ce rapport sur une grande feuille de couleur et l'illustrer avec des photos de magazines. Affichez-le dans la classe.

6. Quelles conclusions pouvez-vous tirer des habitudes de vos camarades ?

Dans notre classe :

- 15 élèves aiment le rap.
- 4 élèves jouent du piano.
- 7 élèves regardent des vidéoclips tous les jours.
- 18 élèves préfèrent les chansons en anglais.
- 10 élèves apprennent à jouer de la guitare.
- 6 élèves vont voir le concert la semaine prochaine.

David adore le rap.

Chloé aime jouer de la guitare.

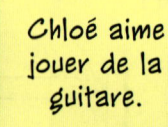

IL NOUS FAUT :

✓ des feuilles de couleur
✓ des magazines à découper
✓ du carton et de la colle

UNITÉ 6 — Vive les vacances !

Pour cela, nous allons apprendre :

- à parler de la météo
- à parler des moyens de transport
- à expliquer ce qu'on a fait
- à décrire et situer un lieu
- à situer un objet
- à parler de projets et à exprimer des souhaits

Et nous allons utiliser :

- le passé composé
- les pronoms COD
- les pronoms relatifs **qui** et **où**
- des indicateurs de lieu : **à, en, entre, dans, loin de, près de**...

NOTRE PORTFOLIO

Dans cette unité, nous allons... organiser un concours de géographie pour la classe.

6 · 1. Carnet de voyage

1 Le grand tour de France

A. Quatre collégiens canadiens ont participé à un concours scolaire et ils ont gagné un voyage d'un mois en France. Ils ont écrit leurs impressions sur un carnet de voyage. Lis leurs commentaires. Qu'ont-ils visité ?

• *Ils ont visité Paris, la Tour Eiffel, le musée du Louvre...*

B. Sur une carte de France, indiquez comment ils ont voyagé entre chaque étape.

• *De Montréal à Paris : en avion.*

C. Un nouveau temps apparaît dans les textes : le **passé composé.** Après avoir rempli ce tableau, essayez, à deux, de décrire les règles de formation de ce temps ?

	PASSÉ COMPOSÉ	
	Verbe auxiliaire : présent du verbe avoir	Participé passé
GAGNER	nous avons	gagné
DIRIGER	...	...
PRENDRE	...	pris
...	...	duré
DÉCOUVRIR	...	...
...	...	vu
...	...	...

D. Traduis dans ta langue le texte de la photo 4. Quel est le temps équivalent au passé composé ?

NOTRE TOUR DE FRANCE
QUI SOMMES-NOUS ?

Bonjour, nous nous appelons Simon Emar, Alixe Scout, Marie-Pierre Laviolette et Gilles Morin. Nous sommes élèves au collège Jean-Jacques Rousseau. Voici quelques photos du voyage que nous avons gagné : un tour de France d'un mois ! Mme Morel, notre professeur d'histoire, a voyagé avec nous.

1 Nous avons pris l'avion à Montréal le 12 juillet à 15 h. Le voyage a duré 6 heures. Quelle expérience !
Nous avons visité Paris pendant deux jours : Notre-Dame, la Seine, la tour Eiffel, le Louvre...

2 Nous avons vu l'arrivée du Tour de France !

3 Après la visite du parc Astérix et de Versailles, nous avons pris le train pour Saint-Malo. Nous avons passé 4 jours en Bretagne : nous avons visité le Mont-Saint-Michel, Saint-Malo et le port de Cancale où nous avons mangé des huîtres pour la première fois de notre vie !

4 Après la Bretagne, toujours en train, nous avons visité Strasbourg pour connaître le Parlement européen. Après, nous avons continué notre voyage en autocar vers Lyon, Grenoble et les Alpes. Nous avons pris un téléphérique pour monter à l'Aiguille du Midi (3842 mètres !, Marie-Pierre a eu le vertige !). Et de Grenoble, nous avons pris un train pour Nice.

84 Quatre-vingt-quatre

E. Maintenant, écoute le récit de la suite du voyage. Regarde ces photos, classe-les selon l'ordre de leur visite.

Piste 43

La cité de Carcassonne
MILLAU et ses environs
Toulouse - La Garonne
Souvenir de Corse

F. Écoute à nouveau et note les moyens de transports utlisés.

Piste 43

• De Nice en Corse en bateau.

2 Tu es fort en géographie ?

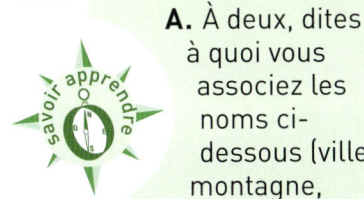

A. À deux, dites à quoi vous associez les noms ci-dessous (ville, montagne, etc.). Pour vous aider, utilisez la carte qui se trouve au début de votre livre. Vous avez 10 minutes.

Lyon
La Suisse
Le Mont-Blanc
Les Pyrénées
Carcassonne
La Corse
Roquefort
L'Atlantique
La Méditerranée
La Loire

• Lyon, c'est une ville...
...

une chaîne de montagnes
une mer
une montagne
une ville
un pays
un village
un fleuve
une capitale
un océan
une île

On a besoin de...

Les prépostions à et en

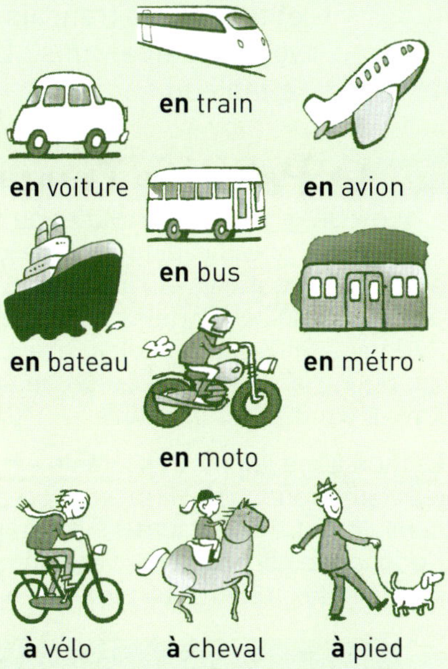

en train
en voiture
en avion
en bus
en bateau
en métro
en moto
à vélo
à cheval
à pied

Le passé composé avec avoir

Présent d'**AVOIR** + participe passé

FAIRE

J'   ai
Tu   as
Il, elle, on a   ⎱
Nous   avons   ⎰ fait
Vous   avez
Ils, elles ont

En 2005, Lise et Thérèse **ont fait** un voyage au Québec.

Participe passé

ER ▶ **É**
PASS**ER** ▶ pass**é**
MANG**ER** ▶ mang**é**
VISIT**ER** ▶ visit**é**

💡 Quelques participes irréguliers :

FAIRE ▶ fait
VOIR ▶ vu
PRENDRE ▶ pris
AVOIR ▶ eu
ÊTRE ▶ été

Degrés de certitude

Comment s'appelle le fleuve qui passe à Paris ?

• (Moi) **Je pense que** c'est la Seine.
○ Moi, **je crois que** c'est la Loire.
■ Moi, **je ne sais pas.**

quatre-vingt-cinq **85**

2. Nous sommes bien arrivés

3 La France d'outre-mer

A. On appelle la France d'outre-mer les collectivités et territoires français qui ne sont pas en Europe. En voici quelques-uns. Lis les informations et complète le tableau.

La Polynésie Française

est un groupe d'îles situées au sud de l'océan Pacifique, entre les continents américain et australien. Elle est à 6200 km de Los Angeles, à 5700 km de Sydney, à 8800 km de Tokyo et à 17100 km de Paris. Sa superficie est de 4167 km². Il y a 260000 habitants.

La montagne la plus importante est le Mont-Orohena (2241m) sur l'île de Tahiti, où se trouve aussi la capitale, Papeete. D'autres villes importantes sont Rikitea et Ururoa. L'économie est basée sur l'agriculture (vanille et canne à sucre), la pêche et le tourisme. La monnaie est le franc pacifique (Franc FCP).

La Martinique

est une île d'origine volcanique qui se trouve dans les Antilles, à 450 km au nord-est de l'Amérique du Sud. Elle a une superficie de 1128 km² et on y trouve le célèbre volcan, la montagne Pelée (1397 m).
Les villes les plus importantes sont Fort-de-France (la capitale), Saint-Pierre et Le Marin.
La Martinique a 450000 habitants. L'économie est basée sur l'agriculture (canne à sucre, ananas et bananes) et le tourisme. La monnaie est l'euro.
Pour les amoureux de la nature, la Martinique est un véritable paradis. Elle a un climat tropical et une température moyenne de 26° C toute l'année. Il y a deux saisons : la saison des pluies et la saison sèche. On appelle aussi la Martinique « l'île aux fleurs » parce qu'elle a des centaines de plantes et de fleurs différentes.

	LA MARTINIQUE	LA POLYNÉSIE FRANÇAISE	LA RÉUNION
SUPERFICIE			2517 km²
POPULATION			... habitants
CAPITALE			Saint-Denis
VILLES IMPORTANTES			Saint-Benoît, ...
MONTAGNES IMPORTANTES			Piton des Neiges
ÉCONOMIE		Agriculture (canne à sucre) Pêche Tourisme	
MONNAIE			

B. Maintenant, écoute le document sur la Réunion et complète la colonne correspondante dans le tableau.

Piste 44

C. À deux, à partir de ces informations sur la Réunion, écrivez un petit texte de présentation.

D. Écoute maintenant la présentation sur la Guadeloupe et retrouve les informations demandées dans le tableau.

4 C'est le paradis !

A. À deux, lisez ces cartes postales, puis dites où sont allés ces voyageurs. Pour répondre, utilise les informations de l'activité précédente.

● Je pense que Jean-Baptiste et Pascal sont allés à la Réunion.
○ Non, ils sont dans les Antilles !
● Alors, ils sont......

La Réunion

Carte postale 1

Salut,
Nous sommes bien arrivés il y a trois jours.
Tout est magnifique ! Hier **nous sommes allés** faire une marche à pied dans le parc de la montagne Pelée. Hier, **nous sommes restés** dans l'hôtel pour nous reposer sous le soleil des Antilles !
Vive les vacances !
On vous embrasse.

Jean Martin et Anita Friess
4, rue de l'Ehn
08500 Strasbourg

Carte postale 2

Chers Papi et Mamie,
Nous sommes bien arrivées à Saint-Denis il y a quatre jours et nous sommes complètement amoureuses de ce paradis. Hier, **nous sommes allées** jusqu'au pied du Piton des Neiges. Aujourd'hui, Vivianne **est allée** se promener dans la forêt et moi, **je suis restée** sur la plage...
Gros bisous
Céline et Élodie

Damien et Danielle Janssens
Rue du Chalet, 120
1003 Bruxelles
BELGIQUE

B. Observe sur ces cartes postales les formes du passé composé marquées en rouge, puis complète le tableau.

	PASSÉ COMPOSÉ	PARTICIPE PASSÉ
	Verbe auxiliaire : Présent du verbe être	
ARRIVER	Nous sommes	arrivés
...	...	...

C. À deux. Quelle est la différence avec le tableau de la leçon précédente ? Remarquez les participes. Est-ce qu'ils sont tous identiques à l'écrit ? Essayez de trouver la règle.

D. Et toi, où es-tu allé(e) en vacances pour la dernière fois ? Qu'est-ce que tu as fait ?

• Moi, l'été dernier, je suis allée à Majorque.
○ Moi, je suis allé...

E. Par deux, choisissez un endroit où on parle français et écrivez le texte d'une carte postale. Donnez quelques renseignements sur l'endroit où vous êtes mais sans dire le nom. Affichez-le dans la classe. Les autres élèves doivent deviner votre destination sécrète.

On a besoin de...

Les pronoms relatifs qui et où

Le Rhône est un fleuve **qui** traverse l'est de la France.
La Réunion, c'est une île **où** on peut faire du surf.

Décrire et situer un lieu

Elle a
- 60 millions d'habitants.
- un climat tempéré, méditerranéen, océanique...
- **des montagnes, des fleuves.**

Elle **fait** 544000 km².

C'est un pays très joli/beau/grand...

La France est...
...au nord de l'Espagne.
...au sud de la Belgique.
...à l'ouest de l'Allemagne.
...à l'est de l'océan Atlantique.

Lille est dans le Nord. 
Perpignan est dans le Sud.

Le passé composé avec être

ALLER

Je	suis allé / allée
Tu	es allé / allée
Il, on	est allé
Elle	est allée
Nous	sommes allés / allées
Vous	êtes allés / allées
Ils	sont allés
Elles	sont allées

Il est **allé** en Suisse.

Quelques verbes qui se conjuguent sur le même modèle : naître, partir, rester, tomber, venir, arriver, mourir...

Le temps

- Il fait (très) chaud
- (très) froid
- (très) beau
- mauvais
- Il pleut (beaucoup)
- Il neige (beaucoup)

quatre-vingt-sept **87**

3. Où est le ballon ?

5 En camping

A. Stéphane et Sophie sont dans un camping. Ils ont des difficultés à trouver leurs affaires. À deux, regardez la liste d'objets et trouvez le numéro sur le dessin. Cherchez dans le dictionnaire pour vérifier ou pour comprendre les mots que vous ne connaissez pas.

B. Maintenant, écoute leur conversation, regarde l'image et écris où sont ces différents objets.

Piste 45

- Je pense que les bottes sont à côté de l'antimoustique.
○ Et la tente ?
- Je ne sais pas.

Les bottes			le sac
La tente			la tente
Les baskets		sur	l'arbre
Le mp3		sous	l'anorak
Le trivial		à côté de	l'appareil photo
Le sac à dos	est	sans	les baskets
L'antimoustique		devant	le sac à dos
Le chocolat	sont	derrière	le sac de couchage
L'appareil photo		à droite de	le chocolat
La casquette		à gauche de	l'antimoustique
Le sac de couchage			les bottes
L'anorak			les lunettes
Le ballon			le trivial
Les lunettes			la casquette
			le ballon
			le mp3
			le trivial

C. Lis ces petites conversations. Quand utilise-t-on les pronoms **l', le, la, les** ? Que remplacent-ils ? À deux, essayez de trouver la règle.

- Où est-ce que tu as mis le sac de couchage ?
○ Je **l'**ai mis dans la tente.
- Ah, oui je **le** vois !

■ Où est-ce que tu as mis ma casquette ?
□ Ta casquette ? Je **l'**ai mise sous l'anorak.
■ Non, je ne **la** vois pas !

▲ Et les baskets ?
△ Je **les** ai mises derrière la tente !
▲ Non, non, je ne **les** vois pas !

D. Observe dans ces phrases les différentes formes du participe passé du verbe mettre (mis, mise, mises). Dans quel cas les participes s'accordent-ils avec l'objet (le sac, la casquette, les baskets) ?

88 quatre-vingt-huit

6 Les sons [e], [ɛ] et [ə]

Des sons et des lettres

A. Écoute les mots suivants et répète-les à haute voix.

Piste 46

[e] comme dans thé :
des photos – les lapins – mes amis – aller – visiter – parler – téléphoner – écoutez

B. Écoute les mots suivants et répète-les à haute voix.

Piste 47

[ɛ] comme dans mère :
père – collège – treize – mais – il s'appelle.

C. Écoute ces mots et coche le son que tu entends : [e] ou [ɛ].

Piste 48

	0	1	2	3	4	5	6	7	8	9	10
[e]	×										
[ɛ]											

D. Écoute les mots suivants et répète-les à haute voix.

Piste 49

[ə] comme dans le :
je – ne – devant

E. Écoute ces phrases et souligne toutes les syllabes avec le son [ə] que tu entends.

Piste 50

Le petit chemin va très loin.
Demain, c'est mercredi.
Je me demande pourquoi la fenêtre est ouverte.
Il ne fait pas de sport.
Tu vois le petit bateau ?

On a besoin de...

Situer un objet

Où est le lapin ?

Là-bas?
A gauche (de)
Ici
A droite (de)

Dans le sac
Sur les bottes 
Sous l'anorak 
Derrière l'arbre 
Devant la tente 
Entre les baskets 
À côté de l'arbre 

Pronoms COD

	masculin	féminin
Singulier	le	la
	l'	
Pluriel	les	

Où est (le jeu) ? Je ne (le) trouve pas !
Je (l')ai mis à côté de la tente !

(Et la casquette) ?
Je (l')ai mise sous l'anorak.
Ah oui, je (la) vois !

(Les baskets), je (les) ai rangées dans le sac à dos.

quatre-vingt-neuf **89**

4. Moi, cet été...

7 Nos projets pour l'été

A. Lis les projets de ces jeunes. Tu ne comprends peut-être pas tout, mais aide-toi des mots que tu connais et des photos. Tu aimerais faire comme qui : Alain, Mélanie, Leila ou André ?

- Moi, j'aimerais faire comme André : aller à la plage.
- Et moi, j'aimerais aller aux États-Unis !

Alain. Randonnée dans les Pyrénées

Normalement je pars en famille. Mes parents aiment la montagne et, chaque année, on découvre une région différente. Cette année, mes parents ont décidé de partir dans les Pyrénées pour faire de la randonnée. On va partir avec d'autres amis qui ont des enfants de mon âge. On va être un grand groupe, c'est plus amusant !

Mélanie. Pratiquer l'anglais aux États-Unis

Cet été, je vais aller un mois aux États-Unis pour pratiquer mon anglais. Je vais partir avec un groupe de Français mais, là-bas, je vais être seule dans une famille. Je suis un peu inquiète, mais en même temps très contente.

Leila. Visite chez la famille

Comme chaque année, cet été, je vais aller au Maroc pour voir ma famille à Beni Melall, près de Marrakech, dans le Sud. Là-bas, il y a mes deux grands-mères, mes tantes et mes cousins. Nous partons en voiture et le voyage dure deux jours. C'est un peu fatigant, mais j'aime aller voir ma famille.

André. Plages de Corse

Cette année, mes parents ont loué un appartement pour deux semaines en Corse. Je suis content parce que j'aime le soleil, la plage et le surf ! Je vais faire beaucoup de choses !
Après, je vais rester chez moi, à Obernai, près de Strasbourg. Il y a beaucoup d'activités l'été et je vais m'inscrire à un stage de musique.

B. À deux, parlez de ce que vous allez faire pendant les vacances. Vous restez dans votre ville ? Vous aimez les mêmes activités ? Vous pouvez faire des choses ensemble ?

- En juillet, je vais aller en colonie de vacances, dans les Alpes. Après, je vais rester dans mon village. Je vais jouer au football et aller à la piscine.
- Moi aussi, je vais rester chez moi au mois d'août.
- Super ! Nous pouvons aller ensemble à la piscine...

8 Idées vacances

A. Regarde ces trois brochures. Il y a peut-être des mots nouveaux, mais utilise les images pour bien comprendre les renseignements. Quelles vacances t'intéressent le plus.

http://www.pourquoipasenvacances.fr

KART-SENSATIONS

Stage de six jours d'initiation au karting.
Lieu : Le Manoir (Besançon)
Séjour et prix : 550 euros. Tout compris.
Découvrez ce sport de liberté.
Vous pouvez le pratiquer avec toute la famille !

QUÉBEC. GRANDE ESCAPADE EN PLEINE NATURE.

21 jours pour découvrir le Québec et ses paysages.
Hébergement en camping.
Activités : montagne, randonnées, sports nautiques.
Prix : 2500 euros. Tout compris.
Groupes de 15 personnes.
Un voyage pour les jeunes sportifs et aventuriers !

LA CAMARGUE, PRÈS DE TOI !

10 jours de voyage en Camargue.
Randonnées à vélo. Découverte des dunes et des réserves naturelles.
Hébergement en camping.
Prix : 500 euros. Tout compris.

B. À deux, comparez vos choix.

On a besoin de...

Faire des projets

Cet été,
Le mois prochain,
La semaine prochaine,
Cette année,
Pendant le mois d'août,
Au mois de juillet,

je vais faire un voyage à vélo.
je vais aller au Canada.

Exprimer des désirs

• **Je voudrais** aller à la montagne avec mes amis.
○ Moi, **j'aimerais** aller à Bruxelles.

Aller + noms de lieu

À
J'aimerais aller **à** Paris.

Je pars en vacances au Maroc. Et toi ?
Moi, je reste en France cet été.

AU, AUX
• Je voudrais voyager **au** Japon.
○ Moi, **aux** États-Unis.

EN
Ils sont allés **en** Italie.

DANS
Jean est allé faire du camping **dans les** Alpes.

quatre-vingt-onze 91

QuARTieR libRE

La revue des jeunes qui apprennent le français. N° 6

Quel tableau correspond à chaque peintre ?

A ▶

◀ B

1. Paul Gauguin, un des plus grands peintres français, a habité de nombreuses années en Polynésie. Là-bas, il a trouvé l'inspiration dans les couleurs locales.

2. René Magritte est un peintre belge. Ses tableaux ne sont pas réalistes. Ils parlent d'un monde irréel.

LA FORCE DE LA MARÉE

On dit que la marée, c'est la respiration de l'océan. Dans le nord de la France, sur les côtes de la Manche (en Normandie et en Bretagne), la force de la marée est souvent impressionnante. Parfois, elles ont une différence de 14 mètres. En Bretagne, il y a une usine qui produit de l'énergie à partir de la force de la marée, c'est l'usine marémotrice de la Rance.

Dans la baie du Mont-Saint-Michel, la marée est une des plus importantes du monde. Elle descend très vite et remonte «à la vitesse d'un cheval au galop», comme on dit.

92 quatre-vingt-douze

Elle est bonne !

Un monsieur trouve un pingouin dans la rue et l'amène au commissariat :
– Qu'est-ce que je peux faire avec lui ? demande-t-il au commissaire.
– Emmenez-le au zoo, répond le commissaire.

Quelques jours plus tard, le commissaire rencontre le même monsieur avec le pingouin.
– Vous ne l'avez pas emmené au zoo ?!
– C'est ce que j'ai fait. Il a été très content. Aujourd'hui, nous allons au cinéma.

Z*O*M & R*O*M

AH LES VACANCES !

MOI, JE M'ÉCLATE ! C'EST SUPER BIEN D'ÊTRE EN VACANCES ! ET VOUS ? C'EST BIEN CE VOYAGE EN ITALIE ET EN GRÈCE ?

TRÈS BIEN, NOUS AVONS VU BEAUCOUP DE MONUMENTS. ET LES GLACES ITALIENNES SONT EXCELLENTES !!!

J'AI FAIT DU SURF EN BRETAGNE ! GÉNIAL !

J'ADORE LA MONTAGNE, LES PAYSAGES SONT BEAUX. ON EST EN PLEINE NATURE !

LE TEMPS EST SUPERBE ! ET TOI, ÇA VA LE BATEAU ?

OUI, C'EST TROP COOL, QUELLE EXPÉRIENCE !!!!!!!!!!

C'EST BIEN LES VACANCES, MAIS TU ME MANQUES !!!

NOTRE PORTFOLIO

UNITÉ 6

Papeete est la capitale de la Guyane ?

La Nouvelle-Calédonie est dans l'océan Pacifique ?

Quel est le nom du fleuve qui…?

Quelle est la capitale de…?

Où se trouve…?

NOUS ALLONS RÉALISER UN CONCOURS DE GÉOGRAPHIE.

1. Formez plusieurs groupes dans la classe. Utilisez toutes les cartes et les informations du livre pour préparer 10 questions sur la géographie et la culture dans les pays francophones. Écrivez vos questions sur des fiches en carton (par exemple). Vous devez préparer 5 questions où la réponse est **oui** ou **non** (**est-ce que**… ?). Les 5 autres doivent être ouvertes (**Où** ? **Combien de**…? **Quel est**…? **Comment** s'appelle…? etc.).

2. Imaginez un prix pour l'équipe gagnante (un diplôme, une carte postale, un message…)

3. Désignez un sécretaire pour noter les points de chaque équipe au tableau, mettez toutes les cartes dans une boîte puis mélangez-les.

4. Chaque groupe doit tirer dix cartes. Vous avez 15 minutes pour vous renseigner et chercher les réponses dans le livre.

5. Fermez vos livres et répondez aux questions.

6. L'équipe gagnante est celle qui a le plus grand nombre de bonnes réponses.

IL NOUS FAUT :

✓ Notre livre.
✓ Des cartes en carton pour écrire les questions.
✓ Une boîte pour mettre les cartes.
✓ Des prix ou du matériel pour les faire.

94 quatre-vingt-quatorze

Maintenant tu sais...

BILAN
Unités 4, 5 et 6

1. Tu sais déjà faire beaucoup de choses !

Nous allons nous rappeler ce que nous avons appris dans les unités 4, 5 et 6. Par groupe de trois, complétez les affiches ci-dessous avec d'autres phrases. Pour ce faire, vous pouvez utiliser de grandes feuilles pour ensuite les coller sur le mur de la classe.

Compter de 100 à 1000
Son ordinateur coûte sept cents euros.
Dans une année, il y a trois cent soixante-cinq jours.

Parler de ma famille
Frédéric et Joëlle sont mes cousins.
Mes grands-parents habitent Rennes.

Parler de mes activités quotidiennes
Après les cours, je joue au football.
Avant de me coucher, j'écoute de la musique.

Dire ce que j'ai fait et ce que je vais faire.
L'année dernière, je suis allée à Nice en train.
Ce week-end, je vais aller à la montagne.

Exprimer des sensations
J'ai mal à la tête.
J'ai chaud !

Inviter et accepter/refuser une invitation
- Tu viens avec moi à la piscine ?
○ Oui, pourquoi pas ?
■ Désolé, je ne peux pas.

Situer un lieu
La Provence est une région située dans le sud de la France.
La Belgique est au nord de la France.

Situer un objet
Tes lunettes ? Elles sont dans le sac.
Le mp3 de Yasmina ? Il est derrière l'ordinateur.

Exprimer des désirs
Cet été, j'aimerais aller en Corse !
Je voudrais voyager en avion !

quatre-vingt-quinze 95

En route vers le DELF !

2 Compréhension orale

A. Écoute ces conversations et associe chaque dialogue à une de ces photos.
Tu auras 15 secondes de pause après chaque situation.

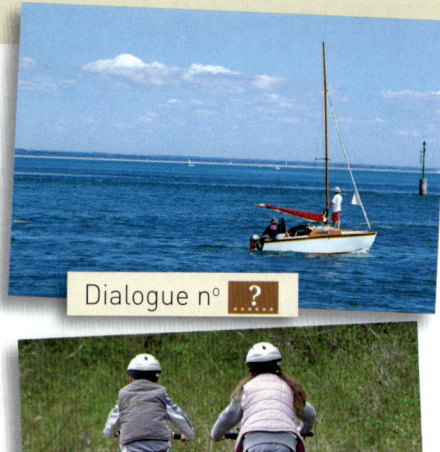

Pistes 51-54

Dialogue n° ?

Dialogue n° ?

Dialogue n° ?

Dialogue n° ?

B. Écoute à nouveau les conversations et complète le tableau.

	☔	☀	❄	🌬	✈	🚂	🚗	🚴
Pascal								
Roger								
Norah								
Fabienne								

3 Compréhension écrite

Lis l'interview de ces deux jeunes et complète l'emploi du temps de chacun à partir des réponses qu'ils donnent.

Besançon. Nous sommes devant le collège Marie Curie avec Thomas et Floriane, deux jeunes musiciens du groupe ManuManu, le groupe qui a gagné le prix du concours national « ADOZIQ ». Ils répondent aux questions de notre journaliste.

Journaliste : « Tout d'abord, félicitations pour le prix !
Thomas et Floriane : Merci beaucoup.
J. : Ça ne doit pas être facile d'être au collège et de jouer dans un groupe ?
T. : Ce n'est pas toujours facile mais pas impossible ; on doit surtout être très bien organisé.
J. : Mais vous allez en cours ?
T. : Oui, bien sûr. On a cours du lundi au vendredi de 8 heures à midi, après on a deux heures de pause pour le déjeuner et on reprend de 2 à 5. Comme vous le savez, le mercredi après-midi et le samedi, on n'a pas cours.
J. : Et vous en profitez pour faire de la musique ?

Floriane : On se retrouve deux heures, deux fois par semaine : le mercredi à partir de 15 heures et le samedi matin à 9 heures. Je prends aussi des cours de guitare trois heures par semaine : le lundi, le mardi et le jeudi de 6 à 7.
T. : Et moi, c'est la trompette, deux heures par semaine, le mardi à partir de 5 heures.
J. : À part la musique, avez-vous le temps de faire d'autres activités ?
F. : Le vendredi après-midi, comme je sors du collège à 15 heures, je vais à la piscine parce que je fais aussi de la natation 3 heures par semaine. J'adore ça !
T. : Moi, je joue au basket trois fois par semaine : le lundi, le mercredi et le vendredi, de 6 à 8.
J. : Et c'est quand que vous faites vos devoirs ?
T. : Moi, je les fais le soir, juste après dîner sauf le jeudi où j'ai le temps de les faire avant, de 5 à 6 en général. Et le samedi je les fais après le déjeuner. Comme ça je suis libre à partir de 5 heures.

F. : Moi, je ne suis pas très organisée mais je les fais normalement avant le cours de guitare. Le mercredi et le vendredi, c'est plus difficile et généralement, je n'ai pas le temps. Mais le samedi, je passe bien deux heures après le déjeuner à les faire.
J. : Vous avez un concert le week-end prochain ?
T. : Non, pas ce week-end. Par contre, j'ai un match de basket à 10 h.
F. : Et moi, je vais faire une randonnée à vélo toute la matinée ! Voilà ! »

96 quatre-vingt-seize

BILAN
Unités 4, 5 et 6

Thomas

	LUNDI	MARDI	MERCREDI	JEUDI	VENDREDI	SAMEDI	DIMANCHE
8 h - 9 h	Collège	...	...	...	...	...	...
9 h - 10 h	Collège	...	...	...	...	...	...
10 h - 11 h	Collège	...	...	...	...	...	...
11 h - 12 h	Collège	...	...	...	...	...	...
12 h - 14 h	...	...	déjeuner	déjeuner	...	...	...
14 h - 15 h	...	Collège	...	...	...	...	...
15 h - 16 h	...	Collège	Répétition	...	...	...	...
16 h - 17 h	...	Collège	Répétition	...	...	...	...
17 h - 18 h	...	...	...	...	...	...	...
18 h - 19 h	...	...	...	...	...	...	...
19 h - 20 h	...	dîner	...	dîner	...	...	...

Floriane

	LUNDI	MARDI	MERCREDI	JEUDI	VENDREDI	SAMEDI	DIMANCHE
8 h - 9 h	...	...	...	...	Collège	...	...
9 h - 10 h	...	...	...	...	Collège	...	...
10 h - 11 h	...	...	...	...	Collège	...	...
11 h - 12 h	...	...	...	...	Collège	...	...
12 h - 14 h	déjeuner	...	...	...	...	...	...
14 h - 15 h	Collège	Collège	...	Collège	Collège	...	...
15 h - 16 h	Collège	Collège	...	Collège	...	...	...
16 h - 17 h	Collège	Collège	...	Collège	...	...	...
17 h - 18 h	...	...	...	...	...	...	...
18 h - 19 h	...	...	...	...	...	...	...
19 h - 20 h	...	...	...	...	...	...	...

4 Expression orale

Prépare des questions en rapport avec les thèmes des étiquettes. Pose-les à ton voisin.

Se réveiller — Vacances — Déjeuner — Week-end — Télévision — Cinéma — Sport — Jouer — Se coucher — Le dimanche

À quelle heure tu te réveilles ?

5 Expression écrite

Tu es en vacances à la montagne. Ecris une carte postale à tes amis français. Explique-leur où tu es, le temps qu'il fait, tes activités... N'oublie pas d'écrire l'adresse. (50 mots environ)

quatre-vingt-dix-sept **97**

Test

BILAN
Unités 4, 5 et 6

6 Complète les phrases avec une des trois propositions. ensuite, compare tes réponses avec celles de ton voisin ?

1 ● En France, après le dîner, qu'est-ce qu'on peut faire ?
- a Goûter.
- b Prendre le petit-déjeuner.
- c Se coucher.

2 ● J'ai soif ! Je voudrais...
- a de l'eau.
- b un croque-monsieur.
- c une banane.

3 ● Pourquoi est-ce que Mathilde a mal .... dos ?
○ Parce qu'elle passe trop d'heures devant l'ordinateur.
- a à la
- b au
- c aux

4 Si tu .... mal au dos, tu .... faire de la natation.
- a es / doit
- b as / dois
- c as / doit

5 Pour être en forme, il .... manger des fruits.
- a as
- b faut
- c devoir

6 Moi, j'achète souvent .... fromage.
- a des
- b de l'
- c du

7 .... sports tu aimes pratiquer ?
- a Quelle
- b Quelles
- c Quels

8 Dans ma famille, on .... deux langues.
- a parle
- b parlent
- c parlons

9 Tu .... venir chez moi pour faire les devoirs ?
- a viens
- b veux
- c fais

10 ● Qu'est-ce que vous allez faire ce week-end ?
○ Nous .... un match de rugby.
- a vont faire
- b venons
- c allons voir

11 J'aime voyager .... train et .... avion.
- a à / en /
- b en / en
- c à / à

12 L'année dernière, Annick et Laurent .... allés dans les Pyrénées.
- a sont
- b vont
- c ont

13 Qu'est–ce que vous .... à Nice ?
- a avez fait
- b êtes allés
- c êtes arrivés

14 J'aimerais partir en vacances .... France.
- a à la
- b en
- c à

15 Ils sont .... en vacances .... Paris.
- a fait / à
- b partis / en
- c partis / à

16 Il fait...
- a très beau.
- b de la pluie.
- c de la neige.

17 Elles sont .... à l'hôpital pour voir un ami qui a eu un accident.
- a allés
- b allées
- c été

18 Le Rhône est un fleuve .... traverse la France à l'est.
- a où
- b que
- c qui

19 Où est mon sac ? Je ne .... trouve pas !
- a l'
- b les
- c le

20 Où sont .... ? Je ne les vois pas !
- a mon t-shirt
- b ma jupe
- c mes chaussures

Précis grammatical

Précis grammatical

L'ALPHABET PHONÉTIQUE

Voyelles orales

[a]	Marie [maʀi]
[ɛ]	fait [fɛ] / frère [fʀɛʀ] / même [mɛm]
[e]	étudier [etydje] / les [le] / vous avez [vuzave]
[ə]	le [lə]
[i]	Paris [paʀi]
[y]	rue [ʀy]
[ɔ]	robe [ʀɔb]
[o]	mot [mo] / cadeau [kado] / jaune [ʒon]
[u]	bonjour [bõʒuʀ]
[ø]	jeudi [ʒødi]
[œ]	sœur [sœʀ] / peur [pœʀ]

Voyelles nasales

[ã]	dimanche [dimãʃ] / vent [vã]
[ɛ̃]	intéressant [ɛ̃teʀesã] / impossible [ɛ̃pɔsibl]
[õ]	mon [mõ]
[œ̃]	lundi [lœ̃di] / un [œ̃]

Semi-consonnes

[j]	chien [ʃjɛ̃]
[w]	pourquoi [puʀkwa]
[ɥ]	je suis [ʒəsɥi]

Consonnes

[b]	Bruxelles [bʀyksɛl] / abricot [abʀiko]
[p]	père [pɛʀ] / apprendre [apʀãdʀ]
[t]	tableau [tablo] / attendre [atãdʀ]
[d]	samedi [samdi] / addition [adisjõ]
[g]	gâteau [gato] / langue [lãg]
[k]	quel [kɛl] / crayon [kʀejõ] / accrocher [akʀɔʃe] / kilo [kilɔ]
[f]	fort [fɔʀ] / affiche [afiʃ] / photo [fɔto]
[v]	ville [vil] / avion [avjõ]
[s]	français [fʀãsɛ] / silence [silãs] / passer [pase] / attention [atãsjõ]
[z]	maison [mezõ] / zéro [zero]
[ʃ]	chat [ʃa]
[ʒ]	jupe [ʒyp] / géographie [ʒeɔgrafi]
[m]	maman [mamã] / grammaire [gʀamɛʀ]
[n]	bonne [bɔn] / neige [nɛʒ]
[ɲ]	Espagne [ɛspaɲ]
[l]	lune [lyn] / intelligent [ɛ̃teliʒã]
[ʀ]	horrible [ɔʀibl] / mardi [maʀdi]

100 cent

QUELQUES CONSEILS POUR BIEN PRONONCER LE FRANÇAIS

Les consonnes en position finale

En général, on ne prononce pas les consonnes en fin de mot.

gran~~d~~ [gʀɑ̃]
peti~~t~~ [pəti]
ils aim~~ent~~ [ilzɛm]

Le « e » en position finale

En général, on ne prononce pas le « e » en fin de syllabe ou en fin de mot.

Nous app**e**lons le docteur. [nuzaplɔ̃lədɔktœʀ]
la tabl**e** [latabl]

Le « e » final permet de prononcer la consonne qui le précède.

grand [gʀɑ̃] / gran**de** [gʀɑ̃d]

Les voyelles nasales

Pour prononcer les voyelles nasales, on doit faire passer l'air par le nez ! Comme pour imiter une personne enrhumée.

jard**in** [ʒaʀdɛ̃] / mais**on** [lamezɔ̃] / gr**an**d [gʀɑ̃]

Le [y]

T**u** es italien? [tyɛzitaljɛ̃]
d**u** chocolat [dyʃɔkɔla]

L'accent tonique

En français, l'accent tonique est toujours placé à la fin du mot ou du groupe de mots.

Elle habite **à Pa**ris.
Nous allons au cinéma.
Sa mère est colombienne.

La liaison

Quand un mot commence par une voyelle et que le mot précédent finit par une consonne, on doit très souvent unir les deux. On dit qu'on « fait la liaison ».

Les‿élèves
ils‿ont
Nous‿allons‿à Nice.

💡 *Dans certains cas, le « h » empêche la liaison.*

Les ̸ héros des films gagnent toujours.

💡 *Après « et », on ne fait jamais de liaison.*

Marie et ̸ Amélie vont au cinéma.

Le mariage de voyelles

Certaines voyelles forment des sons différents quand elles sont ensemble.

ai	=	[e]	m**ai**son [mezɔ̃]
ai, ei	=	[ɛ]	l**ai**t [lɛ], n**ei**ge [nɛʒ]
au, eau	=	[o]	s**au**t [so], **eau** [o]
ou	=	[u]	j**ou**r [ʒuʀ]
oi	=	[wa]	s**oi**r [swaʀ]

Précis grammatical

LES ACCENTS

En français, on peut trouver deux ou trois accents sur un seul mot.

t**é**l**é**phone [telef**ɔ**n], pr**éfér**ée [pʀefeʀe], **é**l**è**ve [elɛv]

L'accent aigu (´)

Il se place seulement sur le « e ».
Dans ce cas, il faut le prononcer [e].

caf**é** [kaf**e**], mus**é**e [myz**e**], po**é**sie [po**e**zi], math**é**matiques [mat**e**matik]

L'accent grave (`)

Il se place sur le « e », le « a » et le « u ».
Sur le « a » et sur le « u », il sert à distinguer un mot d'un autre :

a (verbe avoir) / **à** (préposition)

Il **a** un chien. / Il habite **à** Toulouse.

la (article défini) / **là** (adverbe de lieu)

la sœur de Cédric / Mets-le **là**.

où (pronom relatif et interrogatif) / **ou** (conjonction de coordination)

Tu habites **où** ? / Blanc **ou** noir ?

Sur le « e », il indique que cette voyelle est ouverte : [ɛ]

m**è**re [mɛʀ], myst**è**re [mistɛʀ]

L'accent circonflexe (^)

Il se place sur toutes les voyelles sauf le « y ».
Comme l'accent grave, il sert à éviter la confusion entre certains mots :
sur (préposition) / **sûr** (adjectif)

Le livre est **sur** la table. / Tu es **sûr** qu'il vient ?

Sur le « e », il se prononce [ɛ]

fen**ê**tre [fənɛtʀ], t**ê**te [tɛt]

Le tréma (¨)

On trouve le tréma (¨) sur les voyelles « e » et « i » pour indiquer que la voyelle qui les précède doit être prononcée séparément :

cano**ë** [kanɔe], égo**ï**ste [egɔist]

COMPTER DE 0 À 2000 ET AU-DELÀ

De 0 à 69

0	zéro
1	un
2	deux
3	trois
4	quatre
5	cinq
6	six
7	sept
8	huit
9	neuf
10	dix
11	onze
12	douze
13	treize
14	quatorze
15	quinze
16	seize
17	dix-sept
18	dix-huit
19	dix-neuf
20	vingt
21	vingt et un
22	vingt-deux
23	vingt-trois
24	vingt-quatre
25	vingt-cinq
26	vingt-six
27	vingt-sept
28	vingt-huit
29	vingt-neuf
30	trente
40	quarante
50	cinquante
60	soixante

De 70 à 2000

70	**soixante**-dix
71	**soixante**-et-onze
72	**soixante**-douze
73	**soixante**-treize
74	**soixante**-quatorze
75	**soixante**-quinze
76	**soixante**-seize
77	**soixante**-dix-sept
78	**soixante**-dix-huit
79	**soixante**-dix-neuf
80	**quatre-vingts**
81	**quatre-vingt**-un
82	**quatre-vingt**-deux
83	**quatre-vingt**-trois
84	**quatre-vingt**-quatre
85	**quatre-vingt**-cinq
86	**quatre-vingt**-six
87	**quatre-vingt**-sept
88	**quatre-vingt**-huit
89	**quatre-vingt**-neuf
90	**quatre-vingt**-dix
91	**quatre-vingt**-onze
92	**quatre-vingt**-douze
93	**quatre-vingt**-treize
94	**quatre-vingt**-quatorze
95	**quatre-vingt**-quinze
96	**quatre-vingt**-seize
97	**quatre-vingt**-dix-sept
98	**quatre-vingt**-dix-huit
99	**quatre-vingt**-dix-neuf
100	**cent**
101	**cent** un
110	**cent** dix
200	deux **cents**
201	deux **cent** un
etc.	
1 000	**mille**
1 001	**mille** un
2 000	deux **mille**
etc.	

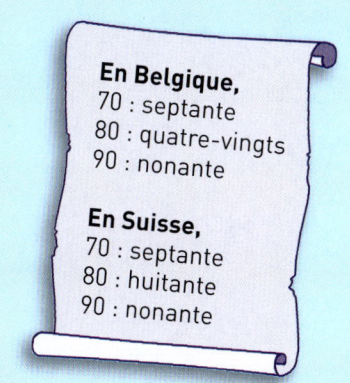

En Belgique,
70 : septante
80 : quatre-vingts
90 : nonante

En Suisse,
70 : septante
80 : huitante
90 : nonante

💡 *On écrit cent sans « s » sauf pour...*

*deux cent**s** / trois cent**s** / quatre cent**s** / cinq cent**s** / six cent**s** / sept cent**s** / huit cent**s** et neuf cent**s***

LES ARTICLES

Définis

	masculin	féminin
singulier	**le** cahier	**la** table
	l'arbre **l'**hôtel	**l'**école
pluriel	**les** cahiers **les** arbres **les** hôtels	**les** tables **les** écoles

💡 *Quand un mot commence par une voyelle ou un « h », l'article défini singulier est toujours **l'**.*

l'arrivée

l'hôtel

On trouve des exceptions avec « h ».

*le **h**éros*

Indéfinis

	masculin	féminin
singulier	**un** garçon	**une** fille
pluriel	**des** garçons	**des** filles

Partitifs

Les partitifs sont des articles qui servent à indiquer une quantité non déterminée.

***un** verre d'eau*   ***de l'**eau*

	masculin	féminin
singulier	**du** chocolat	**de la** farine
	de l' air	**de l'** eau
pluriel	**des** gâteaux	**des** oranges

cent trois **103**

Précis grammatical

ARTICLE + PRÉPOSITION À

à + le → au	une glace **au** chocolat Je vais **au** marché.
à + les → aux	Tu vas **aux** Galeries Lafayette.

ARTICLE + PRÉPOSITION DE

de + le → du	le stylo **du** professeur
de + les → des	les livres **des** élèves

LE PLURIEL DES NOMS

En général, le « s » est la marque du pluriel des noms.

singulier	pluriel
un cahier	des cahier**s**
une table	des table**s**
le livre	les livre**s**
la chaise	les chaise**s**
l'école	les école**s**

Parfois au pluriel, on remplace « s » par « x ».

singulier	pluriel
un tabl**eau**	des tabl**eaux**
un anim**al**	des anim**aux**

💡 *Certains pluriels présentent une particularité de prononciation ou d'orthographe.*

un œuf [œf] - des œufs [ø]

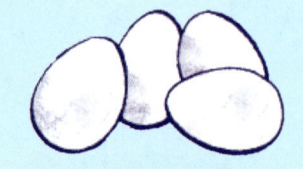

un œil - des **yeux**

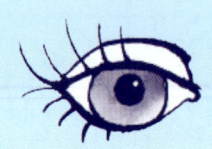

LES ADJECTIFS : MASCULIN, FÉMININ ET PLURIEL

masculin singulier
brun
gran**d**
peti**t**
français
bleu
fatigu**é**
sport**if**
ment**eur**
merveill**eux**
ital**ien**
jeun**e**
sympathiqu**e**

masculin pluriel
brun**s**
grand**s**
petit**s**
français
bleu**s**
fatigué**s**
sportif**s**
menteur**s**
merveilleu**x**
italien**s**
jeune**s**
sympathique**s**

féminin singulier
brun**e**
grand**e**
petit**e**
français**e**
bleu**e**
fatigué**e**
sporti**ve**
ment**euse**
merveill**euse**
Italien**ne**
jeun**e**
sympathiqu**e**

féminin pluriel
brun**es**
grand**es**
petit**es**
français**es**
bleu**es**
fatigué**es**
sportiv**es**
menteu**ses**
merveilleu**ses**
italien**nes**
jeune**s**
sympathique**s**

Je suis content**e**.

💡 *Cas particuliers :*

gros – gros**se**
blanc – blan**che**
vieux – vie**ille**
long – long**ue**
roux – rou**sse**
beau – be**lle**
grec – grec**que**

💡 *Certains adjectifs sont invariables.*

une jupe **orange** – des jupes **orange**
un sac **marron** - des sacs **marron**

LES PRONOMS SUJETS ET LES PRONOMS TONIQUES

	pronoms toniques	pronoms sujets
singulier	moi	je
	toi	tu
	lui elle	il elle
pluriel	nous	nous
	vous	vous
	eux elles	ils elles

Moi, je suis de Marseille. Et **vous** ?
Moi, de Strasbourg. Mon mari, **lui**, est de Rennes.

> *à, pour, avec* + pronom tonique :
>
> La jupe est **à moi**.
> Ce livre est **pour lui**.
> Tu joues **avec moi** ?

LE PRONOM *ON*

1) **On** = tout le monde / les gens

Le 31 décembre, **on** fête la Saint-Sylvestre.

2) **On** = nous (dans la langue familière)

Je mange du fromage.
Moi aussi.
Moi aussi.

ON mange du fromage !

LES ADJECTIFS POSSESSIFS

Un possesseur

1re personne	masculin singulier	féminin singulier
	mon ami	**ma** soeur
		mon amie
	masculin pluriel	**féminin pluriel**
	mes amis	**mes** soeurs **mes** amies
2e personne	masculin singulier	féminin singulier
	ton frère	**ta** tante **ton a**mie
	masculin pluriel	**féminin pluriel**
	tes frères	**tes** tantes
3e personne	masculin singulier	féminin singulier
	son chien	**sa** tortue **son i**dée
	masculin pluriel	**féminin pluriel**
	ses chiens	**ses** tortues **ses** idées

Deux possesseurs ou +

	masculin singulier	féminin singulier
1re personne	**notre** chat	**notre** maison
2e personne	**votre** cousin	**votre** cousine
3e personne	**leur** copain	**leur** copine
	masculin pluriel	**féminin pluriel**
1re personne	**nos** chats	**nos** maisons
2e personne	**vos** cousins	**vos** cousines
3e personne	**leurs** copains	**leurs** copines

L'INTERROGATION

Poser une question

Pour poser une question, on peut utiliser :

L'intonation

Tu parles français ?

> *Cette forme est la plus employée à l'oral et dans certains écrits (Ex. : B.D., courriels, etc.).*

cent cinq **105**

Précis grammatical

L'inversion

- du sujet (registre soutenu, surtout à l'écrit ou dans les discours). On place le sujet après le verbe avec un trait d'union.

Où vas-**tu** ?

- du mot interrogatif (registre familier, surtout oral)

Tu vas **où** ?

💡 *On ne peut pas inverser **pourquoi**.*

Tu ris pourquoi ?

On dit :

***Pourquoi** ris-tu ? / **Pourquoi** tu ris ?*

💡 ***Que** devient **quoi**.*

***Que** fais-tu ?* → *Tu fais **quoi** ?*

Est-ce que [ɛskə]

On peut utiliser **est-ce que** seul...

Est-ce que tu viens ?

ou avec un mot interrogatif...

Où est-ce que tu vas ?
Comment est-ce que tu t'appelles ?
Qu'est-ce que tu fais ?

💡 *Ce type de constructions (est-ce que) est très fréquent à l'oral.*

Les mots interrogatifs

- **Qui** est ce garçon sur la photo ?
○ C'est mon cousin.

- **Que** veux-tu boire ?
○ Un jus d'orange, s'il te plaît.

- **Où** habitez-vous ?
○ À Poitiers.

- **Comment** s'appelle ton chien ?
○ Citto.

- **Quand** est l'examen ?
○ Mardi prochain.

- **Pourquoi** tu es fâché ?
○ Parce que...

- **Combien** coûte ce jeu vidéo ?
○ 15 euros.

- **Quel** est son nom ?
○ Léa.

- **Quelle** est sa nationalité ?
○ Belge.

- **Quels** sont ses sports préférés ?
○ Le football et le tennis.

- **Quelles** sont ses activités favorites ?
○ Chatter sur Internet et sortir avec ses amies.

💡 ***Quel**, **quels**, **quelle**, **quelles** se prononcent [kɛl].*

POURQUOI... PARCE QUE / POUR

- **Pourquoi** est-ce que tu veux aller à la plage ?
○ **Parce que** j'adore nager !

- **Pourquoi** est-ce que tu es resté à la maison ?
○ **Pour** travailler !

LA NÉGATION

Nous **ne** pouvons **pas** venir.
Je **n'**aime **pas** le tennis.
Ils **n'**ont **pas de** voiture.

💡 *Dans la langue courante, à l'oral ou à l'écrit, on omet souvent le **ne**.*

J'aime pas la conjugaison !
*(= **Je n'aime pas** la conjugaison !)*

LES PRÉPOSITIONS

Les prépositions changent selon le complément.
Une même préposition peut introduire des notions différentes.

à / au /	J'habite **à Madrid**. Je vais **à l'école**. Lisbonne se trouve **au Portugal**. ● **À** qui est cette jupe ? ○ **À** Danielle.
aux	Sa famille va passer l'été **aux États-Unis**.
avec	Tu pars en vacances **avec ta famille** ?
chez	J'achète les pommes de terre **chez Marcel**. Je rentre **chez moi**. Ma voiture est **chez le mécanicien**.
dans	**Dans mon collège**, il y a une bibliothèque. Je mets du sucre **dans mon café**.
de	Je suis / je viens **de Lyon**. C'est le livre **de Pierre**.
en	J'habite **en Espagne**. Elle va passer ses vacances **en Équateur**. Je voyage **en train**. Nous sommes **en hiver**.
pour	Le petit cadeau est **pour mon frère**.

L'INTENSITÉ

Il a **beaucoup de** frites dans son assiette.

Il a **peu de** frites dans son assiette

Il n'a **pas du tout de** frites dans son assiette.

Elle est contente :-)

Elle est **très** contente :-))

Il aime **beaucoup** les spaghettis.

Il n'aime **pas du tout** les spaghettis.

cent sept **107**

Précis grammatical

SITUER DANS LE PASSÉ

Le passé composé avec *avoir*

Présent d'**AVOIR** + participe passé

FAIRE
J'	ai	fait
Tu	as	fait
Il, elle, on	a	fait
Nous	avons	fait
Vous	avez	fait
Ils, elles	ont	fait

— les devoirs.

En 2005, Lise et Thérèse **ont fait** un voyage.

Le passé composé avec *être*

ALLER
Je	suis allé / allée
Tu	es allé / allée
Il, on	est allé
Elle	est allée
Nous	sommes allés / allées
Vous	êtes allés / allées
Ils	sont allés
Elles	sont allées

— à Nice.

Il est **allé** en Suisse.

💡 *Au passé composé, on utilise **être** avec…*
- *aller, venir, arriver, partir, rester, tomber, naître, mourir, monter, descendre, retourner, entrer, sortir.*
- *tous les verbes pronominaux : **se** coucher, **se** lever, etc.*

Participe passé

-er → -é
Pass**er** → pass**é**
Mang**er** → mang**é**
Visit**er** → visit**é**

💡 *Quelques participes irréguliers :*

Faire	→	*fait*
Voir	→	*vu*
Prendre	→	*pris*
Avoir	→	*eu*
Être	→	*été*

Quelques indicateurs de temps pour parler au passé

L'été dernier,
Le mois dernier,
L'année dernière,
La semaine dernière,
Hier,

j'ai fait de la planche à voile.
je suis allé au cinéma.

SITUER DANS LE FUTUR

Le présent

Pour parler d'une action future certaine et en rapport avec le moment où l'on parle, on peut aussi utiliser le présent :

Ce soir, **je vais** au cinéma.
Demain, **on se retrouve** à 17 h.

Le futur proche : *aller* au présent + infinitif

Je	vais
Tu	vas
Il/elle/on	va
Nous	allons
Vous	allez
Ils/elles	vont

visiter le Louvres.
partir au Pérou.
voir un film d'animation.

Demain, **je vais voir** des amis.

La semaine prochaine, **mes frères vont visiter** Strasbourg.

Mardi prochain, **nous allons avoir** une interrogation de géographie.

Le futur proche et le futur simple

Un jour, **nous allons voyager** sur la Lune. (futur proche)
Un jour, **nous voyagerons** sur la Lune. (futur simple)

Ces formes seront étudiées dans *Pourquoi pas ! 2*.

Quelques indicateurs de temps pour parler au futur

La semaine prochaine,
Demain,
Le week-end prochain,

ils vont prendre le train.
tu vas offrir un cadeau à Mamie.
nous allons voir la finale de rugby.

108 cent huit

PRONOMS COMPLÉMENTS D'OBJET DIRECT (COD)

	masculin	féminin
singulier	le	la
	l'	l'
pluriel	les	les

Où est **le jeu** ? Je ne **le** trouve pas !
Je **l'**ai mis à côté de la tente !

Et la casquette ?
Je **l'**ai mise sous l'anorak.
Ah oui, je **la** vois !
Les baskets, je **les** ai rangées dans le sac à dos.

QUI / OÙ

QUI est un pronom relatif sujet. Il s'utilise pour remplacer un objet ou une personne.

J'aime **les livres qui parlent** de voyages.
Cherchons dans la classe les **garçons/les filles qui** viennent en bus au collège.

OÙ est un pronom relatif complément. Il s'utilise pour remplacer un lieu ou un moment.

Dans **la ville où je suis né** il n'y a pas de métro.
Que s'est-il passé **le jour où tu es né** ?

DÉCRIRE ET SITUER UN LIEU

La France a : **62 millions** d'habitants. **un** climat tempéré. **des** montagnes, des fleuves.

Elle **fait** 544 000 km².

C'est un pays, une région, une ville… très joli(e). très grand(e).

La France est… … **au nord de** l'Espagne.
… **au sud de** la Belgique.
… **à l'ouest de** l'Allemagne.
… **à l'est de** l'océan Atlantique.
… **en** Europe.

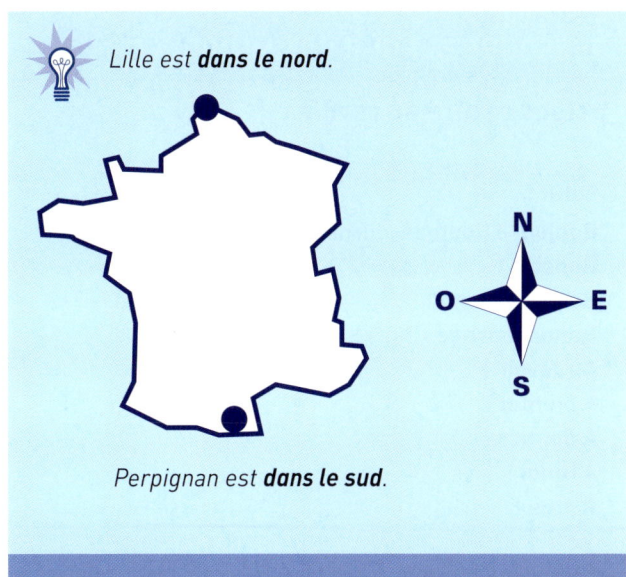

*Lille est **dans le nord**.*

*Perpignan est **dans le sud**.*

SITUER UN OBJET

Où est le lapin ?

Là-bas?
A gauche (de)
A droite (de)
Ici

Dans le sac
Sur les bottes
Sous l'anorak
Derrière l'arbre
Devant la tente
À côté de l'arbre
Entre les baskets

Précis grammatical

RESSOURCES POUR COMMUNIQUER

Saluer et dire au revoir

Salut !
Bonjour ! (toute la journée)
Bonsoir !
Bon week-end !
Bonne journée !
Au revoir !
À bientôt !
À demain !
À lundi !
À plus !

- Salut, Léa ! Ça va ?
○ Ça va. Et toi ?

- Bonjour, Madame. Comment allez-vous ?
○ Bien. Et vous ?

Contrôler la communication

Comment on écrit « monsieur » ?
Comment ça s'écrit « monsieur » ?
Est-ce que « où » porte un accent ?
Comment ça s'appelle en français ?
Qu'est-ce ça signifie « acheter » ?
On est à quelle page/unité ?
Pardon ?
Est-ce que vous pouvez parler plus fort / plus lentement, s'il vous plaît ?
Vous pouvez réexpliquer la règle / la page ?
Vous pouvez écrire le mot / la phrase au tableau ?

Coordonnées personnelles

Nom : Rimbert
Prénom : Patricia
Date et lieu de naissance : 13 octobre 1994 à Valenciennes (France)
Domicile : 12, route de Charleroi (Mons)
Pays : Belgique

- Comment tu t'appelles ?
○ (Je m'appelle) Sandrine.

- C'est quoi ton nom de famille ?
○ Masson.

- Tu es d'où ?
○ De Toulouse, dans le sud de la France.

- Où est-ce que tu habites ?
○ Chez mes parents, à Dijon.

- Tu as quel âge ?
○ (J'ai) 13 ans.

- C'est quand ton anniversaire ?
○ C'est le 13 janvier.

Identifier des personnes

- **Qui est** Stéphane ?
○ **C'est** un ami. / **C'est** le fils des voisins.

- **C'est toi**, Dominique ?
○ Non, **moi c'est** Antoine.

- **C'est vous**, Monsieur Le Du ?
○ **Oui, c'est moi**.

Le téléphone et l'adresse électronique (le courriel)

- **Quel est / C'est quoi** ton numéro de téléphone ?
○ **C'est le** 06 82 54 59 87.

- **Quelle est / c'est quoi** ton adresse électronique ?
○ **C'est** bea97@chomel.fr.

💡 **courriel** est le mot officiel mais on parle couramment d'**adresse électronique**, de **mail** ou d'**e-mail**.
@ se dit **arobase** (ou **arrobase**)

Parler de l'aspect physique

Comment il / elle est ?
Il / elle a les cheveux longs / courts / blonds / frisés.
Il / elle a les yeux bleus.

Il / elle est blond(e).
Il porte des lunettes / un piercing / une moustache.

Il / elle est très / plutôt / assez joli(e).
Il / elle n'est pas très joli(e).

110 cent dix

Parler du caractère

Je suis très responsable et ordonnée.
Laure **est** très étourdie.
Ses parents **sont** sympathiques.

L'heure et les moments de la journée

● **Il est quelle heure ?**
○ Il est deux heures.

Il est deux **heures**.
Il est deux **heures et quart**.
Il est deux **heures et demie**.
Il est deux **heures dix**.
Il est deux **heures moins le quart**.
Il est deux **heures moins cinq**.

● Tu as cours **à quelle heure ?**
○ **À** huit **heures**.

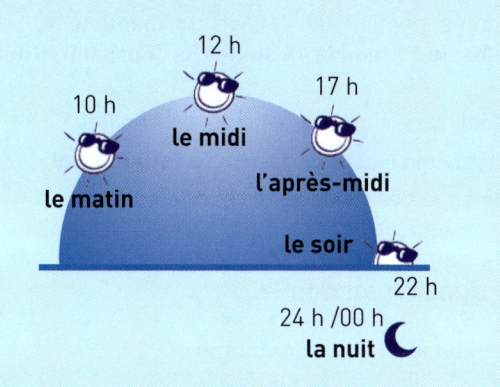

- Excusez-moi, vous avez l'heure, s'il vous plaît ?
- Oui, il est trois heures.

Les moments de la journée

10 h — le matin
12 h — le midi
17 h — l'après-midi
22 h — le soir
24 h /00 h — la nuit

Les jours de la semaine

Lundi
Mardi
Mercredi
Jeudi
Vendredi
Samedi
Dimanche

● **On est** lundi aujourd'hui, n'est-ce pas ?
○ Mais non, **on est** mardi !

● Qu'est-ce que tu fais **le dimanche** ?
○ Je joue au foot.

Les jours de la semaine sont masculins.
*Je n'ai pas cours **le samedi**.*

Les mois de l'année

Janvier
Février
Mars
Avril
Mai
Juin
Juillet
Août
Septembre
Octobre
Novembre
Décembre

● La rentrée, c'est **en août** ?
○ Mais non, c'est **en septembre** !

cent onze

Précis grammatical

Les moments de l'année

Quelques moments de l'année : **la chandeleur, Pâques, le 1er mai, le 14 Juillet, la Toussaint, Noël**

À Noël, nous passons les fêtes en famille.
En France, on est en vacances **à la Toussaint**.
On mange des crêpes **à la chandeleur**.

Les quatre saisons

Le printemps   L'automne
L'été   L'hiver

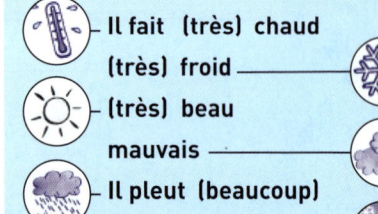

- Il fait (très) chaud
  (très) froid
  (très) beau
  mauvais
- Il pleut (beaucoup)
- Il neige (beaucoup)

Chez nous, il neige **en** hiver.
Il pleut beaucoup **au** printemps et **en** automne.
En été, il fait chaud.

Parler de goût et de préférences

- **J'aime beaucoup** l'histoire.
- Moi aussi.
- Moi non.

- **Je n'aime pas** le sport.
- Moi non plus.
- Moi si.

- Ce livre ne me plaît pas du tout.
- À moi non plus.
- À moi si.

- Tu aimes le foot ?
- Oui, énormément.
- Non, pas beaucoup.
- Non, pas du tout.

- Ça vous plaît l'informatique ?
- Oui / Non

- Ma matière **préférée**, c'est l'anglais.
- Mon sport **favori** ? C'est le basket.

- Je n'aime pas la plage, **je préfère** la montagne.

Conjugaison

Conjugaison

Avoir	**PRÉSENT DE L'INDICATIF**	**PASSÉ COMPOSÉ**	
	J' ai Tu as Il/Elle/On a Nous avons Vous avez Ils/Elles ont	J' ai eu Tu as eu Il/Elle/On a eu Nous avons eu Vous avez eu Ils/Elles ont eu	
Être	**PRÉSENT DE L'INDICATIF**	**PASSÉ COMPOSÉ**	
	Je suis Tu es Il/Elle/On est Nous sommes Vous êtes Ils/Elles sont	J' ai été Tu as été Il/Elle/On a été Nous avons été Vous avez été Ils/Elles ont été	

VERBES EN -ER

Parler	**PRÉSENT DE L'INDICATIF**	**PASSÉ COMPOSÉ**	
	Je parle Tu parles Il/Elle/On parle Nous parlons Vous parlez Ils/Elles parlent	J' ai parlé Tu as parlé Il/Elle/On a parlé Nous avons parlé Vous avez parlé Ils/Elles ont parlé	*Prononciation : Les formes **parle**, **parles** et **parlent** se prononcent* [paʀl].
Habiter	**PRÉSENT DE L'INDICATIF**	**PASSÉ COMPOSÉ**	
	J' habite Tu habites Il/Elle/On habite Nous habitons Vous habitez Ils/Elles habitent	J' ai habité Tu as habité Il/Elle/On a habité Nous avons habité Vous avez habité Ils/Elles ont habité	*Prononciation : les formes **habite**, **habites** et **habitent** se prononcent* [abit].

FORMES PARTICULIÈRES

Se laver	**PRÉSENT DE L'INDICATIF**	**PASSÉ COMPOSÉ**	
	Je me lave Tu te laves Il/Elle/On se lave Nous nous lavons Vous vous lavez Ils/Elles se lavent	Je me suis lavé(e) Tu t'es lavé(e) Il/Elle/On s'est lavé(e) Nous nous sommes lavé(e)s Vous vous êtes lavé(e)s Ils/Elles se sont lavé(e)s	*Le participe passé des verbes pronominaux s'accorde : il s'est levé **mais** elle s'est lev**é****e**.*
Préférer	**PRÉSENT DE L'INDICATIF**	**PASSÉ COMPOSÉ**	
	Je préfère Tu préfères Il/Elle/On préfère Nous préférons Vous préférez Ils/Elles préfèrent	J' ai préféré Tu as préféré Il/Elle/On a préféré Nous avons préféré Vous avez préféré Ils/Elles ont préféré	*Prononciation : les formes **préfère**, **préfères** et **préfèrent** se prononcent* [pʀefɛʀ].
Acheter	**PRÉSENT DE L'INDICATIF**	**PASSÉ COMPOSÉ**	
	J' achète Tu achètes Il/Elle/On achète Nous achetons Vous achetez Ils/Elles achètent	J' ai acheté Tu as acheté Il/Elle/On a acheté Nous avons acheté Vous avez acheté Ils/Elles ont acheté	*Prononciation : les formes **achète**, **achètes** et **achètent** se prononcent* [aʃɛt].

AUTRES VERBES

Appeler

PRÉSENT DE L'INDICATIF
- J' appelle
- Tu appelles
- Il/Elle/On appelle
- Nous appelons
- Vous appelez
- Ils/Elles appellent

PASSÉ COMPOSÉ
- J' ai appelé
- Tu as appelé
- Il/Elle/On a appelé
- Nous avons appelé
- Vous avez appelé
- Ils/elles ont appelé

Épeler se conjugue sur le même modèle.

Manger

PRÉSENT DE L'INDICATIF
- Je mange
- Tu manges
- Il/Elle/On mange
- Nous mangeons
- Vous mangez
- Ils/elles mangent

PASSÉ COMPOSÉ
- J' ai mangé
- Tu as mangé
- Il/Elle/On a mangé
- Nous avons mangé
- Vous avez mangé
- Ils/elles ont mangé

Tous les verbes terminés en -ger se conjuguent sur ce modèle.

Commencer

PRÉSENT DE L'INDICATIF
- Je commence
- Tu commences
- Il/Elle/On commence
- Nous commençons
- Vous commencez
- Ils/elles commencent

PASSÉ COMPOSÉ
- J' ai commencé
- Tu as commencé
- Il/Elle/On a commencé
- Nous avons commencé
- Vous avez commencé
- Ils/elles ont commencé

Tous les verbes terminés en -cer se conjuguent sur ce modèle.

Payer

PRÉSENT DE L'INDICATIF
- Je paie
- Tu paies
- Il/Elle/On paie
- Nous payons
- Vous payez
- Ils/elles paient

PASSÉ COMPOSÉ
- J' ai payé
- Tu as payé
- Il/Elle/On a payé
- Nous avons payé
- Vous avez payé
- Ils/elles ont payé

Variante possible au présent de l'indicatif : je paye, tu payes, il paye, nous payons, vous payez, ils payent.

Aller

PRÉSENT DE L'INDICATIF
- Je vais
- Tu vas
- Il/Elle/On va
- Nous allons
- Vous allez
- Ils vont

PASSÉ COMPOSÉ
- Je suis allé(e)
- Tu es allé(e)
- Il/Elle/On est allé(e)
- Nous sommes allé(e)s
- Vous êtes allé(e)s
- Ils/elles sont allé(e)s

LES VERBES EN -IR

Finir

PRÉSENT DE L'INDICATIF
- Je finis
- Tu finis
- Il/Elle/On finit
- Nous finissons
- Vous finissez
- Ils/elles finissent

PASSÉ COMPOSÉ
- J' ai fini
- Tu as fini
- Il/Elle/On a fini
- Nous avons fini
- Vous avez fini
- Ils/elles ont fini

Les verbes choisir, obéir, réfléchir, remplir, réussir se conjuguent sur ce modèle.

FORMES PARTICULIÈRES

Venir

PRÉSENT DE L'INDICATIF
- Je viens
- Tu viens
- Il/Elle/On vient
- Nous venons
- Vous venez
- Ils/elles viennent

PASSÉ COMPOSÉ
- Je suis venu(e)
- Tu es venu(e)
- Il/Elle/On est venu(e)
- Nous sommes venu(e)s
- Vous êtes venu(e)s
- Ils/elles sont venu(e)s

cent quinze

Conjugaison

Partir	**PRÉSENT DE L'INDICATIF**	**PASSÉ COMPOSÉ**	
	Je pars Tu pars Il/Elle/On part Nous partons Vous partez Ils/elles partent	Je suis parti(e) Tu es parti(e) Il/Elle/On est parti(e) Nous sommes parti(e)s Vous êtes parti(e)s Ils/elles sont parti(e)s	*Le verbe **sortir** se conjugue sur ce modèle.*
Offrir	**PRÉSENT DE L'INDICATIF**	**PASSÉ COMPOSÉ**	
	J' offre Tu offres Il/Elle/On offre Nous offrons Vous offrez Ils/elles offrent	J' ai offert Tu as offert Il/Elle/On a offert Nous avons offert Vous avez offert Ils/elles ont offert	*Les verbes en **-vrir** et **-frir** (ouvrir, découvrir) et **souffrir** se conjuguent sur ce modèle.*

LES VERBES EN -OIR

Devoir	**PRÉSENT DE L'INDICATIF**	**PASSÉ COMPOSÉ**
	Je dois Tu dois Il/Elle/On doit Nous devons Vous devez Ils/elles doivent	J' ai dû Tu as dû Il/Elle/On a dû Nous avons dû Vous avez dû Ils/elles ont dû
Pouvoir	**PRÉSENT DE L'INDICATIF**	**PASSÉ COMPOSÉ**
	Je peux Tu peux Il/Elle/On peut Nous pouvons Vous pouvez Ils/elles peuvent	J' ai pu Tu as pu Il/Elle/On a pu Nous avons pu Vous avez pu Ils/elles ont pu
Savoir	**PRÉSENT DE L'INDICATIF**	**PASSÉ COMPOSÉ**
	Je sais Tu sais Il/Elle/On sait Nous savons Vous savez Ils/elles savent	J' ai su Tu as su Il/Elle/On a su Nous avons su Vous avez su Ils/elles ont su
Voir	**PRÉSENT DE L'INDICATIF**	**PASSÉ COMPOSÉ**
	Je vois Tu vois Il/Elle/On voit Nous voyons Vous voyez Ils/elles voient	J' ai vu Tu as vu Il/Elle/On a vu Nous avons vu Vous avez vu Ils/elles ont vu
Vouloir	**PRÉSENT DE L'INDICATIF**	**PASSÉ COMPOSÉ**
	Je veux Tu veux Il/Elle/On veut Nous voulons Vous voulez Ils/elles veulent	J' ai voulu Tu as voulu Il/Elle/On a voulu Nous avons voulu Vous avez voulu Ils/elles ont voulu

LES VERBES EN -ENDRE

Prendre

PRÉSENT DE L'INDICATIF
Je prends
Tu prends
Il/Elle/On prend
Nous prenons
Vous prenez
Ils/elles prennent

PASSÉ COMPOSÉ
J' ai pris
Tu as pris
Il/Elle/On a pris
Nous avons pris
Vous avez pris
Ils/elles ont pris

Tous les verbes en -prendre se conjuguent sur ce modèle.

Rendre

PRÉSENT DE L'INDICATIF
Je rends
Tu rends
Il/Elle/On rend
Nous rendons
Vous rendez
Ils/elles rendent

PASSÉ COMPOSÉ
J' ai rendu
Tu as rendu
Il/Elle/On a rendu
Nous avons rendu
Vous avez rendu
Ils/elles ont rendu

*Les verbes **vendre** et **attendre** se conjuguent sur ce modèle.*

LES VERBES EN -OIRE

Boire

PRÉSENT DE L'INDICATIF
Je bois
Tu bois
Il/Elle/On boit
Nous buvons
Vous buvez
Ils/elles boivent

PASSÉ COMPOSÉ
J' ai bu
Tu as bu
Il/Elle/On a bu
Nous avons bu
Vous avez bu
Ils/elles ont bu

LES VERBES EN -IRE

Dire

PRÉSENT DE L'INDICATIF
Je dis
Tu dis
Il/Elle/On dit
Nous disons
Vous dites
Ils/elles disent

PASSÉ COMPOSÉ
J' ai dit
Tu as dit
Il/Elle/On a dit
Nous avons dit
Vous avez dit
Ils/elles ont dit

Écrire

PRÉSENT DE L'INDICATIF
J' écris
Tu écris
Il/Elle/On écrit
Nous écrivons
Vous écrivez
Ils/elles écrivent

PASSÉ COMPOSÉ
J' ai écrit
Tu as écrit
Il/Elle/On a écrit
Nous avons écrit
Vous avez écrit
Ils/elles ont écrit

Lire

PRÉSENT DE L'INDICATIF
Je lis
Tu lis
Il/Elle/On lit
Nous lisons
Vous lisez
Ils/elles lisent

PASSÉ COMPOSÉ
J' ai lu
Tu as lu
Il/Elle/On a lu
Nous avons lu
Vous avez lu
Ils/elles ont lu

Conjugaison

LES VERBES EN -TRE

Connaître	PRÉSENT DE L'INDICATIF		PASSÉ COMPOSÉ	
	Je	connais	J'	ai connu
	Tu	connais	Tu	as connu
	Il/Elle/On	connaît	Il/Elle/On	a connu
	Nous	connaissons	Nous	avons connu
	Vous	connaissez	Vous	avez connu
	Ils/elles	connaissent	Ils/elles	ont connu

Mettre	PRÉSENT DE L'INDICATIF		PASSÉ COMPOSÉ	
	Je	mets	J'	ai mis
	Tu	mets	Tu	as mis
	Il/Elle/On	met	Il/Elle/On	a mis
	Nous	mettons	Nous	avons mis
	Vous	mettez	Vous	avez mis
	Ils/elles	mettent	Ils/elles	ont mis

LES VERBES EN -RE

Faire	PRÉSENT DE L'INDICATIF		PASSÉ COMPOSÉ	
	Je	fais	J'	ai fait
	Tu	fais	Tu	as fait
	Il/Elle/On	fait	Il/Elle/On	a fait
	Nous	faisons	Nous	avons fait
	Vous	faites	Vous	avez fait
	Ils/elles	font	Ils/elles	ont fait

Transcription des enregistrements

Transcription des enregistrements

UNITÉ 0

Piste 1 - Activité 2
1. Les passagers du vol Avi France, numéro AV 245, à destination de Paris sont priés de se rendre à la porte d'embarquement numéro 32.
2. All passengers on flight Avi France AV 245 to Paris, please proceed to gate number 32.
3. Votre attention s'il vous plaît, le vol AF 245 à destination de Paris annoncé à 17 h 30 accuse un retard d'environ 30 minutes et-partira à 18 h 00. Merci de votre compréhension.
4. Monsieur Alex Gonzalez, passager du vol Avi France à destination de Lyon, est prié de se présenter immédiatement porte d'embarquement numéro 67.
5. Rogamos al señor Alex González, pasajero del vuelo FR 435 con destino Lyon que se presente inmediatamente en la puerta de embarque número 67.

Piste 2 - Activité 5A
Zéro, un, deux, trois, quatre, cinq, six, sept, huit, neuf, dix.

Piste 3 - Activité 5B
Musique

Piste 4 - Activité 6
Voici les objets de la classe :
La chaise
Le crayon
Le cahier
Le sac à dos
La table
La gomme
Le livre
La trousse
Le stylo
Le classeur
Le tableau

Piste 5 - Activité 9A
Série un
La gomme, le classeur, le tableau, le sac à dos, le stylo, la trousse, le livre, le crayon, le cahier, la trousse, la table, la chaise.

Piste 6 - Activité 9B
Série 1
La gomme, la table, le classeur, le tableau, le sac à dos, le stylo, la trousse, le livre, le cahier, la chaise.

Série 2
La gomme, le classeur, la table, le sac à dos, le stylo, la trousse, le livre, le cahier, la chaise, le crayon.

Piste 7 - Activité 9
– Bonjour madame Dupuis, comment allez-vous ?
– Très bien, merci monsieur Bourdieu, et vous ?

Piste 8
– Salut Martin ! Ça va ?
– Ça va, et toi ?

Piste 9
– Au revoir Luc !
– À demain !
– À bientôt !

UNITÉ 1

Piste 10 – Activité 1A
● Prof — Balaoui Malik
○ Élève — Présent !
● Prof — Cébrian Mehdi
○ Élève — ici, madame !
● Prof — Chouchaoui Julie ? Non ?
● Prof — Da Silva Anaïs
○ Élève — Présente !
● Prof — Gillouard Hélène
○ Élève — Oui !
● Prof — Dupré Benjamin
● Prof — Benjamin ? Dupré Benjamin ? Absent ? Bon, …
● Prof — Magne Coline
○ Élève — Ici, madame !
● Prof — Matheret Noémie
○ Élève — Présente !
● Prof — Prastowska Quentin
○ Élève — Présent !
● Prof — Panderno Nicolas
○ Élève — Oui !
● Prof — Picolo Antoine
○ Élève — Ici madame !
● Prof — Rastoureau Colin
● Prof — Colin ? Colin est absent…
● Prof — Saupiquet Jules ?
○ Élève — Présent !
● Prof — Zychèta Clément ?
○ Élève — Oui, madame, ici !

Piste 11 – Activité 3A
La Seine - Calais
Chaume - Bordeaux
Toulouse - Strasbourg
Roissy - Loire

Piste 12– Activité 3B
Le Tour de France - jaune - français - Pau - rouge - S'il vous plaît ! - Poitiers - bonsoir - bonjour - Pauline - Lausanne - anglais - Je ne sais pas. - Luxembourg - Pourquoi ? - trois

Piste 13 - Activité 7A
Série un
Onze, douze, treize, quatorze, quinze, seize, dix-sept, dix-huit... (bip), dix-neuf
Série deux
Vingt , vingt-et-un, vingt-deux, vingt-trois, vingt-quatre, vingt-cinq, vingt-six... (bip, bip, bip) vingt-sept, vingt-huit, vingt-neuf
Série trois
Trente, trente et un, trente-deux, trente-trois, trente-quatre, trente-cinq, trente-six... (bip, bip, bip), trente-sept, trente-huit, trente-neuf.
Série quatre
Quarante, quarante et un, quarante-deux, quarante-trois, quarante-quatre, quarante-cinq...(bip, bip, bip,bip), quarante-six, quarante-sept, quarante-huit, quarante-neuf.
Série cinq
Cinquante, cinquante et un, cinquante-deux, cinquante-trois, cinquante-quatre...(bip, bip, bip, bip, bip), cinquante-cinq, cinquante-six, cinquante-sept, cinquante-huit, cinquante-neuf.
Série six
Soixante, soixante et un, soixante-deux, soixante-trois... (bip, bip, bip,,bip, bip, bip), soixante-quatre, soixante-cinq, soixante-six, soixante-sept, soixante-huit, soixante-neuf.

Piste 14 - Activité 9
Ah, ah, ah, mon trésor, mes pièces d'or, ah, ah ah !!!
Soixante-dix, soixante et onze, soixante-douze, soixante-treize, soixante-quatorze, soixante-quinze, soixante-seize, soixante-dix-sept, soixante-dix-huit, soixante-dix-neuf....
Ah, ha, ha !!!!
Quatre-vingt ! Quatre-vingt-un, quatre-vingt-deux, quatre-vingt-trois, quatre vingt-quatre, quatre-vingt-cinq, quatre-vingt-six, quatre-vingt-sept, quatre-vingt-huit, quatre-vingt-neuf.....
Ah, ha, ha !
Quatre-vingt-dix !
Quatre-vingt-onze, quatre-vingt-douze, quatre-vingt-treize, quatre-vingt-quatorze, quatre-vingt-quinze, quatre-vingt-seize, quatre-vingt dix-sept, quatre-vingt-dix-huit, quatre-vingt-dix-neuf, cent!!!!
Je suis riche, riche, mon trésor... ha, ha, ha !!!

Piste 15 - Activité 10
● Mégane, quel est ton numéro de téléphone ?
○ C'est le 06 75 32 06 85.
● Merci.

Piste 16 - Notre Portfolio
Le rap de la classe

Je m'appelle Ingrid
Je n'habite pas à Madrid

Je m'appelle Jean
J'ai douze ans
Je parle allemand

Je suis Barbara
J'ai deux chats
Et voilà!

UNITÉ 2

Piste 17 - Activité 4A
les professeurs   les élèves
les livres   les écoles
nous sommes   nous avons
vous parlez   vous écoutez

Piste 18 - Activité 4B
1. Les adresses
2. Des cahiers
3. Tes copains
4. Vous êtes français ?
5. Mes livres
6. Nous avons des chats.

Piste 19 - Activité 5
● Alors Coralie ? Comment ça se passe le collège cette année ? Tu es contente ?
○ Ouais, ça dépend quoi, mais ça va.
● Pourquoi ? Ton emploi du temps n'est pas bien ?
○ Si, l'emploi du temps, ça va. J'aime bien car je termine tôt tous les jours.

Transcription des enregistrements

- Tu manges à la cantine du collège ?
- Oui, tous les jours.
- Et c'est bon ?
- Ah non !! C'est pas bon du tout, c'est horrible ! On mange très mal !
- On m'a dit que tu as un professeur d'histoire génial, c'est vrai ?
- Oui ! il est trop cool, très sympa, et ses cours sont super intéressants !
- Et les devoirs ? ça va ? C'est pas trop dur ?
- Bon, en général, je n'aime pas faire les devoirs, mais c'est facile et rapide, alors j'ai le temps de jouer après.
- Alors j'imagine que tu adores la récré, non ?
- Ah oui, bien sûr ! C'est le meilleur moment de la journée ! je peux voir mes copines qui sont dans les autres classes, on parle, on s'amuse, c'est super !
- Et tu fais de la musique cette année, non ?
- (elle rit, gênée) euh, oui... sans commentaires !!!
- Pourquoi ? Tu n'aimes pas ?
- Ben, déjà je suis nulle en musique, alors je n'aime pas du tout cette classe, et en plus on apprend à jouer de la flûte, alors...
- (elle rit aussi) Évidemment, je comprends ! Mais qu'est-ce que tu aimes bien alors au collège ?
- Ben, les sorties. Ça c'est super, parce que on apprend des choses mais on n'est pas au collège alors c'est sympa. Et en général il y a 2 groupes ensemble et je peux être avec mes amies, c'est bien !
- Et quoi d'autre ?
- Les classes d'EPS ! Je fais beaucoup de sport et j'aime bien les classes d'EPS, et la prof est très sympa.
- Et tu commences l'allemand cette année, non ? C'est pas trop dur ?
- Bon, un peu, mais j'aime bien, c'est différent. Et puis, c'est amusant de parler une autre langue !
- Et...

Piste 20 - Activité 6B
- À quelle heure tu commences les cours ?
- À huit heures
- À quelle heure tu arrives au collège ?
- À huit heures moins le quart
- À quelle heure tu termines les cours?
- À quatre heures et demie ou cinq heures et demie, ça dépend.
- À quelle heure est la récré le matin?
- De dix heures moins cinq à dix heures cinq.
- Et l'après-midi ?
- À trois heures et demie
- À quelle heure tu déjeunes ?
- À midi et quart

Piste 21 - Quartier Libre
Les leçons de Maurice Carême

Le cours d'arithmétique
Plonge dans la panique
Robert et Dominique.

Les règles de grammaire
Donnent le mal de mer
A Jeanne, Paul et Pierre.
Le manuel d'histoire
Étonne, à n'y pas croire,
Marguerite et Grégoire.

Et la géographie
Emplit de nostalgie
Alexandre et Sylvie.

UNITÉ 3

Piste 22 - Activité 2 A
- J'adore les robes, les t-shirts noirs, les chaussures et les sacs noirs.
- J'aime beaucoup les baskets et les jeans.
- Je déteste les casquettes de hip hop !!!
- J'aime les jupes et les boucles d'oreilles. Je n'aime pas du tout les blousons !!!

Piste 23 - Activité 3 A
« La jeune Yasmina Bouchran, 11 ans, a perdu ses parents. Elle est brune, elle a les cheveux longs frisés et les yeux verts. Elle porte un t-shirt rouge et des lunettes. Yasmina est attendue au point information. »

Piste 24 - Activité 6
- Bonjour ! Bienvenus au Concours : Les mots du français. Comme tous les jours, nous avons deux candidats. Aujourd'hui, Sarah, 13 ans et Enzo, 12 ans. Et nous parlons de la personnalité. Attention: vous devez dire à quel adjectif correspond la définition que vous entendez. Vous êtes prêts ? Je ne dis pas ce que je pense... Je suis gentil ou je suis hypocrite ?
- Hypocrite.
- Correct. Un point. Je suis un bon ami, j'aime faire des activités avec vous... Je suis sympa ou je suis désordonné ?
- Sympa.
- Bien ! un point. Je fais du tennis, du karaté, du football... je suis amusant ou je suis sportif ?
- Sportif.

- Je donne beaucoup de choses... Je suis paresseux ou je suis généreux ?
- Généreux.
- Bravo ! On continue. Je ne dis pas la vérité.. Je suis optimiste ou je suis menteur ?
- Menteur.
- Oui. 4 points. J'aime rire et j'aime faire rire mes amis... Je suis amusant ou je suis ordonné ?
- Amusant.
- Je n'aime pas travailler... je suis menteur ou je suis paresseux ?
- Paresseux.
- Je suis positif, je suis content. Je suis pessimiste ou je suis optimiste ?
- Pessimiste.
- Non. Ce n'est pas correct ! La réponse est optimiste. Je ne parle pas beaucoup... Je suis sympa ou je suis timide ?
- Timide.
- Je ne trouve pas mes livres ou mon stylo... Je suis ordonné ou je suis désordonné ?
- Désordonné.
- Bien ! Quel est le résultat ? Sarah 5 points et Enzo 4 points. La gagnante du concours des mots est donc Sarah. Félicitations !

Piste 25 - Activité 9 A
vert   France   violet   fenêtre   aventure   affiche   voiture   fromage.

Piste 26 - Activité 9 B
faire
voir
vous
fin

BILAN 123

Piste 27 - Activité 2
- Quelle heure est-il ?
- Dix heures vintg-cinq. Pourquoi ?
- Oh ! La récrée est terminée ! Je suis en retard et j'ai un contrôle de français ! Salut !
- Salut ! Et bonne chance !

Piste 28
- Tu as le téléphone de Sarah ?
- Attends, je regarde. Oui, je l'ai. Tu notes ?
- Vas-y, c'est bon !
- Alors c'est le 04 79 32 55 49
- Attends, je le répète : 04 79 32 55 49. Elle a un portable aussi ?
- Oui, c'et le 06 24 47 18 66
- Attends, je note : 06 24 47 18 66 OK, super. Merci Tchao !
- De rien. Tchao !

Piste 29
- Tu as un chat, toi ?
- Non, mais j'ai un chien et mon frère a un oiseau.
- Comment ils s'appellent ?
- L'oiseau s'appelle Dodi et mon chien s'appelle Rasta

UNITÉ 4

Piste 30 - Activité 3B
- Bonjour ! je voudrais un sac de pommes de terre et un kilo de tomates.
- Ce sera tout ?
- Non, donnez-moi aussi des fraises, un demi kilo.

Piste 31 - Activité 3B
- Madame, s'il vous plaît.
- Oui.
- Je cherche un cadeau de Noël pour mon frère. J'ai 20 euros.
- Quel est son sport préféré ?
- Il adore le foot !
- Eh bien... Un ballon !
- Ah, bonne idée ! Ça coûte combien ?
- 18 euros.
- D'accord.

Piste 32 - Activité 3B
- Bonjour, vous désirez ?
- Nous cherchons un disque pour une amie.
- Elle a quel âge ?
- C'est pour son anniversaire. 12...euh ! Non, elle va avoir 13 ans. Vous pouvez nous aider ? elle n'aime pas la musique trop romantique...elle n'aime pas non plus le rap, ni le rock trop dur...ni la musique électronique.
- Tiens le nouveau CD de DARKO ? Super ! Et combien ça coûte ?
- Le prix est ...11€. C'est un album double : CD et DVD.
- Alors, c'est trop cool !!! On l'achète, bien sûr !

Piste 33 - Activité 6B
Bienvenus à notre programme "CURIOSITÉS" Aujourd'hui, quelques chiffres sur la France et le français.

cent vingt-trois **123**

Transcription des enregistrements

Savez-vous que le français est une langue parlée par deux cent quatre-vingt-dix millions de personnes dans le monde ?
Savez-vous que la France a plus de soixante millions d'habitants ?
Savez-vous que mille sept cent quatre-vingt-neuf est l'année de la Révolution française ?

Piste 34 - Activité 7A

pain	paix
sain	sait
pont	pot
sang	sa
cent	ces

Piste 35 - Activité 7B

Mon pantalon et ton blouson sont marron.
Clément est un enfant français d'un an.
Au jardin, le matin, il y a mes copains et cinq lapins.

Piste 36 - Activité 8 B

● Bonjour ! Qu'est-ce que je vous sers ?
○ Pour moi, un jus d'orange bien frais, s'il vous plaît.
● Vous voulez des glaçons ?
○ Ah oui, merci !
● Et vous, monsieur ?
■ Un verre de coca..
● Ce sera tout ?
■ Non, je voudrais aussi un sandwich au fromage.
○ Moi aussi.

○ Excusez-moi, où sont les toilettes, s'il vous plaît ?
● C'est la porte au fond à droite.
○ Merci.

○ Garçon ? Ça fait combien ?
● Alors, un coca, un jus d'orange et un sandwich au fromage, ça fait ...11 euros 80, s'il vous plaît.
○ Tenez.
● Merci beaucoup !

Piste 37 - Activité 11

veau
main
vin
chat
ont
mon
nos

UNITÉ 5

Piste 38 - Activité 3A

français- attention- salut- citron- saucisson- classe- surprise-situation- sauce- bonsoir

Piste 39 - Activité 3B

Assez	Cousine	Français	Lise
Lycée	Maison	Acrobatie	Poser
Sylvie	Triste	Vacances	Zoo

Piste 40 - Activité 6B

● Bonjour, nous faisons une enquête pour l'émission « France-télé ». Tu veux bien répondre à quelques questions ?
○ Oui, bien-sûr !
● Merci. Tu peux te présenter et nous dire si tu regardes beaucoup la télé ? Quelles sont les émissions que tu aimes ?
○ Alors moi, je m'appelle Sébastien et j'ai 12 ans. La télé ? Oui, j'aime bien. Je regarde les courses de moto et les films de science-fiction.
● Combien de temps par jour ?
○ Oh ! pas longtemps ! Je sais pas... 2 ou 3 heures après l'école. J'aime bien aussi les reportages d'animaux.
● Et les dessins animés ? Tu aimes ?
○ Oui, il y a des dessins animés le mercredi et le samedi. Je les regarde si je suis à la maison.
● Il y a combien de télés chez toi ?
○ Heu...deux télés. Une dans le salon et une dans ma chambre, alors je peux la regarder quand je veux. Je regarde une série le matin avant d'aller au collège : « Strek ».
● Alors tu regardes la télé plus de 3 heures ?
○ Ben oui ! C'est possible. En fait je la regarde 4 heures peut-être. Vous pensez que c'est beaucoup ?

Piste 41 - Activité 8E

● Allô, Louise ? Salut, c'est Chloé. Ça va ?
○ Ouais, ça va.
● Écoute, je voulais te proposer d'aller au zoo demain après-midi et après, passer chez Manon. T'es d'accord ?
○ Ouais, super ! J'adore le zoo. Mais je ne peux pas aller chez Manon parce qu'à six heures, j'ai cours de danse.
● Bon, c'est pas grave. On va au zoo et c'est tout.
○ D'accord. On se retrouve à deux heures devant la place. À demain !

Piste 42 - Activité 9
jeudi
jamais
jouer
Jules
déjeuner
jardin
aujourd'hu
jupe
manger
agenda
Gilles
girafe

UNITÉ 6

Piste 43 - Activité 1E
● Chers amis, ici RADIO TOULOUSE LES JEUNES , nous sommes avec Simon. Simon est un jeune québécois qui, avec trois autres de ses camarades, a gagné un voyage en France lors d'un concours. Bonsoir !
○ Bonsoir !
● Et alors, comment se passe ce voyage ? Vous m'avez expliqué que vous avez commencé votre voyage à Paris, puis vous avez visité la Bretagne, ensuite, Strasbourg et les Alpes..
○ Ben...on a continué vers Nice, là, on a pris un bateau et on est allés en Corse. Nous avons passé une semaine sur les plages, au soleil !
● Et après la Corse ?
○ De la Corse, on a pris un avion pour aller à Toulouse, on a fait des excursions en bus et on a visité Carcassonne, pis le viaduc de Millau.
● Et qu'est-ce qui vous a impressionné, qu'est-ce que vous avez aimé le plus dans ce voyage ?
○ Ben....moi, personnellement, le viaduc de Millau. C'est super !
● Bien, bien, bien... Vous faites vraiment le tour de France !...quelles sont vos impressions !
○ Oh, c'est fantastique ! On dirait qu'c'est comme un rêve !!!

Piste 44 - Activité 3 B
Bonjour les jeunes, bienvenus au programme Zoom sur le monde. Aujourd'hui nous allons vous présenter deux endroits de la France d'outre-mer que beaucoup de personnes ne connaissent pas très bien : la Réunion et la Guadeloupe.

La Réunion est une île d'origine volcanique de 2 517 km². Elle est située dans l'océan Indien, à 700 km à l'est de Madagascar près des côtes d'Afrique. Elle compte 776 948 habitants. La capitale est Saint-Denis. Les autres villes importantes sont Saint-Benoît et Saint-Paul. La montagne la plus élevée est un ancien volcan qui s'appelle Le Piton des Neiges. L'économie est basée sur l'agriculture de la canne à sucre, la pêche et le tourisme. La monnaie est l'euro.

La Guadeloupe est un groupe d'îles qui se trouvent a 6 700 km de la France, dans la mer des Caraïbes, près des côtes d'Amérique du Sud et de l'île de la Martinique. Elle a une superficie de 1 703 Km². Les villes les plus importantes sont Basse-Terre qui est la capitale et Pointe-À-Pitre. La montagne la plus haute est le volcan de La Soufrière (1450 m) L'île a 448 713 habitants. L'économie est basée sur l'exploitation des bananiers et sur la pêche. Il y a aussi beaucoup de tourisme. La monnaie de La Guadeloupe est l'euro.
Et voilà deux endroits merveilleux, l'un en Afrique et l'autre en Amérique Centrale où on peut passer des vacances superbes. Pourquoi pas ?

Piste 45 - Activité 5A
● Yannik : Vous avez vu mes lunettes? Je ne les trouve pas !
○ Sophie : Non, peut-être qu'elles sont là, à côté de l'anorak !
● Yannik : Mais non, à côté de l'anorak il y a le trivial et le mp3, mais pas les lunettes !
■ Stéphane : Tu as regardé dans le sac à dos ? Il est là, devant la tente...
● Yannik : Mais sí, mais si, et elles ne sont pas là. J'ai regardé dans tout le sac à dos, je te dis, les lunettes ne sont pas là !
■ Stéphane : Et sous le sac de couchage qui est aussi devant la porte de la tente?
● Yannick : Non, elles ne sont pas non plus sous le sac ! Devant la porte il y a aussi l'appareil photo ...mais je ne vois pas mes lunettes.
○ Sophie : Regarde, là, à côté de la tente ! Elles sont peut être là !
● Yannick : Ah, non, elles ne sont pas à côté de la tente ! À côté de la tente il y a le chocolat!
○ Sophie : Regarde donc de l'autre côté, à droite de la porte, à côté des bottes !
● Yannick : À côte des bottes il y a l'antimoustiques !
■ Stéphane : Et dans la tente....
● Yannick : Dans la tente.... il y a le ballon,...mais pas mes lunettes !

Transcription des enregistrements

○ Sophie : Regarde en haut tes baskets sont dans l'arbre, Peut-être que tes lunettes sont là !
● Yannick : Non, dans mon sac de couchage, non, Ah ! mais je vois où elles sont ! regarde là, là, derrière l'arbre ! Le lapin !!!!

Piste 46 - Activité 6 A
du **thé**, **des** photos, **les** lapins, **mes** amis, visit**er**, par**ler**, T**é**léphon**er**, **é**cout**ez**

Piste 47 - Activité 6 B
mère, père, collège, treize, mais, il s'appelle.

Piste 48 - Activité 6 C
0. nez
1. vous avez
2. l'année
3. chanter
4. café
5. tête
6. seize
7. parlez
8. arriver
9. frère
10. mes

Piste 49 - Activité 6 D
le, je, ne, devant

Piste 50 - Activité 6 E
Le petit chemin va très loin.
Demain c'est mercredi.
Je me demande pourquoi la fenêtre est ouverte...
Il ne peut pas faire de grandes randonnées.
Tu vois le petit bateau ?

BILAN 456

Piste 51 - Activité 2
● Salut, Pascal, tu as l'air en forme, les vacances se sont bien passées ?
○ Oui, oui, super ! Nous sommes allés à Hyères,
● Hyères les Palmiers ?
○ Oui, dans le Sud. Nous y sommes allés en train, et nous avons passé quelques jours dan un camping. Oh, la, la... les plages sont magnifiques ! Nous avons fait des excursions en bateau pour connaître toute la côte ... Nous avons visité les îles à côté... Bref, de très belles vacances ! Et en plus, il a fait très très beau.

Piste 52
● Et ces vacances ?
○ Cet été, c'était l'aventure ! Je suis allé à la Martinique.
● Quelle chance !
○ Oui, j'ai un ami là-bas.
● Et... c'est combien d'heures en avion ?
○ Neuf heures plus ou moins.
● Qu'est-ce que tu as fait ?
○ J'ai visité beaucoup d'endroits
● Il faisait beau ?
○ Oui, très beau !

Piste 53
● Et toi, Norah, qu'est ce que tu as fait pendant les vacances ?
○ Cette année, je suis allée avec des amis faire du vélo en Bretagne.... C'était super !
● Et le temps, il était comment ?
○ Tu sais, en Bretagne il y a souvent du vent. La Bretagne, c'est difficile à vélo !

Piste 54
● Allô Fabienne ! Tu es bien arrivée ?
○ Oui maman, mais le voyage en voiture a été un peu difficile à cause de la neige.
● Et maintenant, ça va à Chamonix?
○ Ah non, pas du tout. Quel mauvais temps ! Il neige, Il fait froid !
● Mais c'est normal, c'est l'hiver !
○ Oui, mais je ne peux pas faire de ski, il fait trop mauvais !!!